我繪‧玩臺

◆圖文‧攝影 郭桂玲

CONTENTS

「藝」遊臺南
14 個懷舊古蹟

「藝」遊臺南
13條賞花路線

Sally.kuo

CONTENTS

「藝」遊臺南
8 條新舊傳承老街

「藝」遊臺南
7 個美食特產名店

「藝」遊臺南
7 個特色觀光景點

得知郭挂玲要出版以散文書寫搭配水彩速寫的《找繪‧玩臺南》，著實為她高興！

早在三、四年前，挂玲開始以圖配文的方式投稿中華副刊，一篇、二篇、三篇……接續來件，我以編者的「直覺」在心中暗自想著：繼續寫、繼續畫，有一天可以出一本書呢！如今正是因緣具足，開花結果了。

這樣的成果或許是創作者當初並未預期或料想到的，但反而因此彰顯出作者非「出於計畫」的持續認真──是真正發自內心的喜愛書寫與繪畫，自在又莊重以對！

郭挂玲的作品，文字平實親切，細膩地敘述眼見的一景一物，字裡行間也透露著個人當下歡喜或傷悲的情感；而她不只是看，還以學美術的專長當場作畫，這較之時下流行、輕而易舉的隨手拍照，每一次的眼觀與手繪一定是更專注而用情的。「別於攝影的快速，透過畫的當下，能對描寫的景觀有更長時間的觀察，透過觀察和重複性的造訪，對某些地景就有了更深濃的感情，就更想用文字結合圖像來讓人領略這個城市的美好。」她如是說。

《找繪‧玩臺南》的內容篇章亦別有情韻──美好古蹟、美好花景、美好街巷、美好店家、美好所在。坊間介紹臺南在地書寫的出版品不在少數，取材恐是大同小異，即便不同的作者各有體會、各有際遇、各有情感，但能一一冠以「美好」之名的並無所見。真的樣樣都「美好」嗎？那也未必，讀者也會在文章中看到郭挂玲對老舊古蹟凋零的傷感、對季節更送花開花落的悵然，而這些「不美好」，只因「土生土長，這裡是我的故鄉」，而被臺南女兒以疼惜、懷念來接納、包容了。

且讓郭挂玲當在地解說員，讓我們隨著《找繪‧玩臺南》，感受臺南風土人情的美好！

中華日報 副刊主編 羊憶玫

水彩畫家的文字，有渲染色

　　我是臺南舊城的「資深」攝影背包客，過去頗長的日子，總帶有田野調查的態度遊走街頭，迷戀著這座歷史老城的氣息與光影之間的人間風景。然後，以帶有數學人的方式，書寫下這座城市的林林總總。

　　這樣的老街氣質場域，我一直使用相機捕捉，自信也頗能靈動地掌握。可是，內心深處總有一份遺憾，遺憾我沒有靈慧的彩筆畫出鏡頭之外的「秀外慧中」。府城街頭近年多了許多手執彩筆的畫家，他們在府城穿街走巷，總是神奇地繪出讓我心儀的「千姿百態的畫作」，我的心動裡，有嫉妒的成分。

　　桂玲的水彩作品，有一些是我熟悉的角落風景，像是臺南地方法院、巴克禮公園、武德殿等等。也有一些我完全陌生的地方，像是喜樹老街、向日葵田、北門井仔腳等等。那些我所熟悉建築的畫作，讓我驚嘆：「這個地方，原來可以這樣欣賞哦！」至於陌生場景的呈現，我則驚喜：「這個地方真好，我也要去走訪！」細細讀著桂玲的「畫說」介紹文，有些甜美的散文味，卻又精準的說出她的調查與觀察，我認為「她的文章，有水彩的渲染色」。

　　畫作之外，清晰又精準的文字介紹，夾雜著她喜歡那個地方的心情，這是文青小女生走訪街弄的日記，卻又「舉重若輕」論述著地方誌。她的書寫，其實標記著文史的高度；她的水彩，蘊含著生命的禮讚態度。

　　府城的街頭，我遇見許多水彩畫家，他們的姹紫嫣紅都很精彩，他們的妙筆生花都很傳神。然而，桂玲是臺南女兒，多年後她返鄉了，重遊自己家鄉的心情改變了，她多了「根與翅膀」的力量——我是這樣看待她的作品。

王浩一

逸事——謹為桂玲新書賀

「唉～也許，我會像……」杏君話只說一半，把頭別向落地玻璃，盯著院門外的苦楝樹發拐。

梅雨之前，正是苦楝樹開花的時節。紫水晶似的花蕾擠掉綠葉，然後把枝頭壓得低低的，彷彿在向春神獻上親手打造的王冠。

桂玲知曉她的心思，認識這麼多年了，她肯定是悲觀的把自己當作《最後一片樹葉》裡的主角。可惜眼前這樹枝繁葉茂的，絲毫沒有一點悲戚之情可以表述。於是桂玲打趣地接話：「也許，妳會像苦苓仔生下許多圓滾滾的小孩。」

杏君回頭白了她一眼，隨即露出慣有的淺笑；她認得，那是她倆心領神會時的表情，可見情況尚未惡化到足以侵蝕杏君的幽默感。

辦妥入院手續，護理人員機械式的說明一系列的撿查自明日開始，便出了病房。杏君推開窗，像這樣光燦燦的日子，是不應該關在室內的。她想起不久前還到億載金城聽解說的事，視線越過三樓高的苦楝樹冠，在人家頂樓的赭紅色鐵皮和水塔上跑酷，銀光逼得她瞇起眼來。

桂玲聞見幽幽的苦楝花氣味，也走到窗邊。

「要不，等妳病好，我們一起到處速寫。」

「不了，我怕……我怕到時候畫得太好，妳畫室的學生搶著拜我為師，我會很為難的。」任誰都聽得出，杏君的笑語並不清甜。

十幾個日子把苦楝花都開盡了，枝條上爭相冒著青綠色的核果。圖書館的展覽一結束，桂玲便在手機聯絡人找到了杳君；然而撥了一下午都是未開機的電腦語音答覆。她回到家，在抽屜裡翻出杳君新化老家的電話號碼，便急忙拿起話筒。

　　「啊！妳是桂玲嗎？君仔特別交代，假如妳打來，有幾句話要我轉達。」電話彼端的聲音慈祥，是杳君的母親。

　　原來杳君飛去了美國治療腦瘤，就算手術成功，也可能失明或失去部分記憶。桂玲的愕然如天空降下的雨絲般，來得猝不及防，卻又是可以預知的消息。

　　接下來的一整年，桂玲幾乎要磨掉指紋似的工作。她整理了以往與杳君共同在府城遊賞的古今街廓、傳統美食、四季繁花，將之繪成畫頁，佐以雋文，編葺成冊，但願杳君返國時，猶記故鄉的容顏與彼此的情誼。

　　好友桂玲熱愛繪畫、醉心文字，常日騎車漫遊府城，俯拾有得皆為文傳彩記之。今幸逢新作付梓，屬予寫序。吾知其鍾情小說，故取書中一景，虛實掩映，聊增讀者趣味。

作家、閱讀推廣人　黃沼元

　　臺南是美好的，因為這裡是我的故鄉。土生土長，從小生活在這裡，讓找深深知道這裡的美好。曾經離開過十幾年，到北部讀書、工作，再度回到故鄉生活，讓找更喜愛這別於北部的緩步調。

美好因離開後再探訪、再發現，而更加具體，更加珍視。

　　臺南生活的單純和樸實，跟深濃的人情味，都是讓生活在其中的找感到幸福滿滿的因由。也就是從那個時候開始，找習慣騎著摩托車東逛逛、西晃晃，看到許多小時候有點熟悉，但又不十分瞭解的古蹟建築，在修護後以嶄新又親切的面貌，迎接找去探索的腳步。一旦走進去了，瞭解了文化背景，就更愛這個有故事、歷史的城市。

　　於是找記錄了一些老建築、好吃的小吃，或季節性的美麗花卉，還有一些自然生態風情的臺南角落，或者找也不太熟悉、充滿新舊交融的老街。越接觸就越有味，也開始陸陸續續在報章上發表關於臺南的文章。

　　因為自己學的是美術，也喜歡用畫筆來記錄地景和人文。別於攝影的快速，透過畫的當下，能對描寫的景觀有更長時間的觀察，透過觀察和重複性的造訪，對某些地景就有了更深濃的感情，就更想用文字結合圖像來讓人領略這個城市的美好。

　　寫在這書裡的文章，都是個人在城市中關注或比較熟悉的場域，跟自己的生命經驗和生活領域比較有互動的，可能有點侷限、不那麼全面性和大眾化，但都是找想和大家分享的城市迷人所在。書中布滿歷史紋理的古蹟，找最愛的臺南花景、老街和店家，還有一些特別的景點，都是充滿濃濃臺南風情的。

希望透過文學和繪畫之筆，讓更多人走進臺南、發現臺南的美好。

　　美好就在身畔，這個城市值得生活在其間的市民更用心細細品味，也值得外來的遊客一再重複的造訪，因為這裡有探索不完的美好，從昔時走向新時代，持續轉變發酵，你發現了嗎？就先跟著書本來趟文學與繪畫的城市小旅行吧！

郭桂玲

「藝」遊臺南

14 個懷舊古蹟

臺灣文學館

臺灣文學館為我國第一座國家級文學博物館，前身是以前的臺南市政府所在地。

門口高大的鳳凰木是臺灣文學館的門面植栽

車行過湯德章紀念公園的圓環，這裡以前也稱民生綠園，是中正路、民生路、公園路、中山路、青年路、開山路和南門路等七條道路的匯聚點。附近是臺南以前的軸心地帶，有許多歷史建築都矗立於此，其中最顯眼又最具代表性的建築就數臺灣文學館了。尤其在鳳凰花開的時節，文學館門口的兩棵大鳳凰木，和東側成排的豔麗鳳凰花，與建築本體的紅磚呼應，特別美麗，它也是臺南許多歷史建築中，我最感親切、熟悉的一棟。

記得小時候這裡是臺南市政府的所在地，充滿了濃濃的辦公氣圍，國中時我們還曾全年級健走至此參觀，只記得見到很多市府人員及洽公的民眾。當時覺得建物有點老舊，

窗櫺的色澤都有點褪色斑駁，但那長窗的典雅型式還是深留我心。原來這一棟建物是由日籍的建築師森山松之助所設計，他仿英國維多利亞時期的紅磚建築，加上歐陸風格的石材所混搭出來的穩厚型式，最早是日治時期的臺南州廳，為管轄

館內保有一片修復前的磚造紅牆，讓人們可以見到往昔的工法

雲林、嘉義、臺南地區的行政中心。二次大戰時遭美軍擊中幾乎全毀，戰事結束後歷經多次修整，曾一度改為空戰供應司令部，後來成為臺南市政府的所在。最後市政府遷往安平，這棟歷史建築配合古蹟活化再利用的概念，變身成了臺灣文學館。

　　剛開館的文學館以陳列文學史料為主，展覽也多半為靜態，觀展的人氣不高。我是館內的常客，總覺得人煙稀少的文學館有種空寂味，常感嘆這麼美好的空間怎麼都沒有人來訪，實在很可惜。其實文學館的官方網站非常完善，資訊豐富，可以看到許多的活動和展覽訊息。直到我的寫作老師李瑞騰教授來此擔任館長、開設文學教室，廣開許多親民的講座後，來館內的民眾和遊客才日漸增多起來。那幾年我也參加了三期的文學教室課程，夏日時光坐在二樓的室內聽課，無意中探看到紗簾外鳳凰花正開的繽紛豔麗，投射在窗戶上的樹影花姿美到至極。過往總是從外頭欣賞鳳凰木與文學館建物相融並構的身影，從室內長窗倚看更具雅致悠柔，拱狀長窗的幽雅，經過許多年後，還是心中的最愛。

館外的大型雕塑是大家喜愛取景的地標

　　現在的文學館裡除了有展覽室、演講廳、文學教室和文學體驗室的小劇場多元空間，還增設了圖書室、兒童文學書房……，是各個年齡層來造訪都適宜的好空間。我喜歡人不多的地下一樓圖書室，在安靜的空間裡坐擁書海的美好，讓心靈很有豐富感；也喜歡兒童書房的輕鬆舒服，木質的地板、柔軟的沙發，隨意拿起一本圖文並茂的繪本來欣賞，都彷彿回到童年的快意時光裡～超自在；喜歡這裡的各大小演講廳，每一廳室都有我聆聽文學人士分享的生命豐厚之歌，一場場的文學講座讓我的生活更加飽滿充實。

　　真的很喜歡文學館，也很享受這空間。如果你住在臺南，一定不要忘記時常走進文學館，享受這裡無需金錢花費的滿滿資源；如果你要來臺南，我第一個推薦的地點就是臺灣文學館，它的豐美深厚和耐人尋味的典雅氣質，值得你細細品味。

網址 / http://www.nmtl.gov.tw/
地址 / 臺南市中西區中正路1號
電話 / (06) 221-7201
開放時間 / 09:00 ～ 18:00，週一休館
門票 / 免費參觀

葉石濤文學紀念館 （山林事務所）

　　還是很喜歡這裡的原稱「山林事務所」，感覺有很多山林植栽的想像會隨著這名稱在腦裡浮現，當然變成「葉石濤文學紀念館」後就更滿是文學味了。

葉石濤文學紀念館外側還留著「山林事務所」的牌子

　　這座位在文化資產管理處旁邊、武德殿對街的山林事務所，外牆的紅磚與長拱形格櫺窗，鋪展出一片人們不能忽視的優雅風景，加上後方如屏障般的南洋杉依偎，每每經過總會被這一棟建築的典雅風情所吸引。

　　一直到它重新整修完畢，內部一樓的空間也委外經營，變成一間人人可進來用餐的餐廳，紅磚屋的歷史典故與內部風情才不再被湮埋封凝，而有了被認識與近距離親近的機會。可惜餐廳經營不善、易主好多次，直到2012年才變成了葉石濤文學紀念館。

走進時光隧道，回顧關於這裡的過往——在西元 1902 年時，臺灣總督府殖產部成立了林務課，並於西元 1925 年在臺南成立樹苗養成所、興建此建築。西元 1942 年合併曾文溪森林治水所，改名為臺南山林事務所，後又更名為臺南州產業部林務課。直到戰後初期再更名為楠農林區管理處，隨後改為臺灣省林務局嘉義林區管理處臺南工作站。爾後工作站搬遷，這建築就由市政府接管，2001 年整修完畢後才重新對外開放，作為孔廟文化園區旅遊資訊中心。2011 年成立臺南市文化資產管理處，2012 年設立葉石濤文學紀念館。

只要一提到「山林事務所」這名稱，關於林野、植栽、山河……等大自然相關的圖彙就會在腦際翻湧，總是讓人充滿鮮活綠野聯想，是個好聽的名。現在變身為葉石濤文學紀念館後，更是個大家可以進來參與的好空間。

一樓展區以擺放葉老的文物、手稿、書籍……為主，進到這安靜的空間，就可將葉老的文學生涯好好作一個瞭解。因為葉老在臺南生活了很多年，也以這裡的地景、街巷寫了許多相關的文學作品，所以看導覽介紹時會覺得特別親切有感覺。尤其喜歡室內仿葉老寫作空間的一些擺設，對現代習慣用電腦寫作的人來說，看到稿紙、筆墨特別有一種懷舊味道。

葉老出版過的一部分文學著作

美好古蹟

館內的陳設充滿文學味

二樓則作為舉辦活動的場域，有「南瀛故事人」的許多繪本分享和展覽，我就來此參與了幾次，能夠跟喜愛的繪本作家面對面，分享他們創作的過程、心得，也看到原畫的展覽，對喜愛繪本、同時也是繪本創作者的我來說，真的是很好的經驗。非常喜愛這樣的展場空間，展場資訊都可參考官方網站。

尤其喜歡這裡的長廊和窗櫺，高長的拱形窗透進溫暖的日光，光線游移在木地板的溫潤感覺真好，而且望出去就是武德殿的黃色建築背面，和孔廟的紅牆、飛簷，每一扇窗景都有好看的景致，來到這裡就是染滿濃濃的文學氣息啊！

離開時再回望葉老形容故鄉臺南的文句：「這是一個適於人們做夢、幹活、戀愛、結婚，悠然過日子的好地方。」真的很有同感，臺南也因為有這樣的文學場域而更顯得與眾不同啊！

INFO

網址 | http://ystlmm-culture.tainan.gov.tw/
地址 | 臺南市中西區友愛街8-3號
電話 | (06) 221-5065
開放時間 | 09:00 ～ 17:00，週一、週二及除夕休館
門票 | 免費參觀

可搭市區公車2於孔廟（臺灣文學館）站下車，步行約五分鐘。

武德殿

充滿濃濃日式風情的武德殿，是府城的日式建築中保存最好的建物之一，不管外觀或內部都很值得細探品味。

型式對稱典雅的臺南武德殿，在臺灣各地的武德殿中最顯雄偉

宏偉、典麗、壯美……，當我站在這一棟修繕完整的武德殿前方，心頭發出的讚嘆是這樣的。從友愛街東行而來，孔子廟後面齊整的磚紅色圍牆像一把溫潤鐵熨，把溶進過多紛亂街景的視神經接收端，熨出一片舒坦風景。才在驚嘆磚紅牆面的典樸美麗，眼前鵝黃色與洗石灰色交融的壯觀建築，近矗眼前。它不同於中式風格的飛簷建築樣式，以獨特又巨廣的身姿，牽引著我必須停駐腳步。

「這麼一棟高偉又特殊的建築，為何以前未注意過呢？」我疑惑著。在我成長的階段，這建築就一直矗立在忠義國小裡，並持續進行修復。那時的校園不像現在為開放空間，直到前幾年，隨著圍牆的拆除和校園的開放，整修也終告尾聲，這古蹟的美才讓人

得以近距離親近。細探這型式特殊的武德殿，一眼就能看出它異國的身世，刻寫著這片土地曾被殖民的過往。它是日據時期供警察及青年子弟修練柔道和劍道的場所，以鋼筋混凝土仿木構造所建，空間規劃都採日本傳統寺殿的規制和風格。

　　日治時期有各種不同風格的日本建築傳入臺灣，依日本傳統寺殿建築的空間與造型所興建的建築，以武德殿、佛寺和劇場居多。武德殿是除了神社之外，最具日本傳統色彩的建築，而臺南武德殿是其中現存狀況較好的，所以就更顯東洋風情。

　　我最喜歡在有陽光暖照的時分來到附近漫步，當日光照映在屋瓦、牆面及窗櫺，整個建築就像藝術品般，煥發著和諧的迷人光彩～燦燦爍爍地。我喜歡仰望屋樑的微翹弧線，讚嘆木結構屋頂的規律與厚實美感；喜歡觀看柱上典雅的紋飾圖騰，領略異國文化的建築細節；喜歡欣賞咖啡色的木格子長窗，拉長的身型有一種優雅韻律的節奏美。

武德殿前方的成功泉也是日治時代留下的古蹟

古蹟建築如果只是保存卻閒置，那就少了與這個時代接軌的傳承；如果只是開放參觀，也僅是紀念懷舊的意義。這棟典麗的建築不僅修繕完好，還是持續在利用的空間，更顯難得。這裡一直是忠義國小的禮堂，也是他們上音樂課的地方，好幾次坐在殿外人行道的長椅上，聽著小朋友們從禮堂裡傳出來的合唱聲音，無拘又奔放的童稚輕音，偶爾夾雜幾抹歡樂笑聲，很容易就被感染喜悅。現在這裡假日也是劍道協會的練習場，幾度來此，坐在裡面觀看他們練習的情形，也被感染了濃濃的武藝熱情。

白日的武德殿，偉壯氣勢是它披擁的外衣，夜晚時分，偉壯雄渾的外衣則輕輕褪卻，換成紗羅般的輕柔和風，尤其在明亮月光的照耀之下，屋宇的輪廓像墨線般強調了邊線的造型，和旁邊的大榕樹一起融成一幅謐靜、又充滿舞台魅影效果的圖像，非常獨特。

坐在葉色紅黃彷如楓樹的黃連木下，看著眼前的武德殿新顏，看著校園裡有老有少的閒適人群，我真心覺得府城人好幸福，在古老與創新間，我們總是和諧的營造出一片新的綺麗風景，可以在其間幸福倘佯……

武德殿目前為忠義國小禮堂，平日不對外開放，假日為劍道練習場地，可入內參觀。
地址／臺南市中西區忠義路二段2號

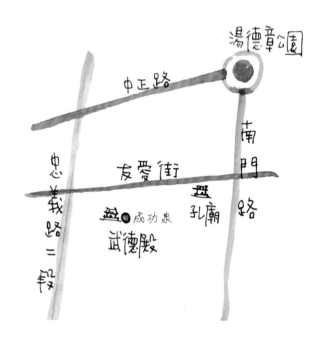

臺南測候所

舊氣象站昔稱測候所，也俗稱胡椒管，建築的型式很特殊少見。

洋紅風鈴木圍繞下的舊測候所

　　我是因為美麗的洋紅風鈴木才認真地注意到這個昔時稱為測候所的所在，目前它的名稱已改為南區氣象中心。其實舊測候所的十八角形建築，圓圓的底身中央有白色柱體的風力塔，同心圓的造型別緻，本來就很吸引人。但還沒修復前的測候所，灰黃的色澤有點老舊，讓人總忽略它的存在。直到修復後設立古蹟文物展示場，風力塔的白漆更亮了，黃色的磚面也齊整了，略帶灰藍的窗櫺漆色也讓長窗的優雅盡顯，框凝住吸引人目光的因子。在粉紅色的洋紅風鈴木盛開時，建物跟植物搭起來的景致就像明信片一樣。

　　發覺有許多畫家也喜歡畫舊測候所，這裡本身就藏著美的構圖和吸引力，但總是只注意到它的外觀，真正走進它的內部居然是幾個月前才發生的事情。這棟舊測候所完工

於西元 1898 年，是日本人在臺灣最早興建的五處測候所中僅存的一座，另外四處分別為臺北、臺中、恆春、澎湖，是臺灣現代化氣象觀測的啟蒙地。

會選定這個地點興建測候所，是以氣象測量的機能性來考量的，海拔約 14 公尺的鷲嶺是昔日城區的制高點，所以才興建於此。當年這裡叫太平境街，現在則改稱公園路，鷲嶺的確是臺南市區的最高點，許多重要的機關像市政府、消防局、警察局……，也多設在此處。

當我走進測候所的圓拱門內，就有一位管理人員請我填寫姓名和參觀時間，看起來是個平日很少人來的地方。安靜的空間中擺設了許多舊時的文件資料，像是以前手繪的颱風路徑、天氣預報消息、記錄手冊等，還有一些早期的測量儀器，如觀測地震所用的二倍強震

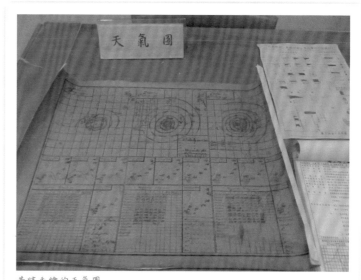

昔時手繪的天氣圖

儀。整個圓形平面空間就分成觀測作業室、預報室、所長室、休息室、通信室、地震室和值班室，繞著環狀布局、中間留有圓形小走道互通，空間並不大。

中央高聳的塔樓部分有台階可以上去，是擺放觀測儀器，測量風速、風向等所用，可惜目前並沒有開放參觀。望向彎曲狹小的台階，想像一下往昔工作人員攀上攀下的辛勤，再回繞走道一圈，看老鐘、老儀器……，真有種回到往昔時光的錯覺感。

地址 / 臺南市中西區公園路 21 號
電話 / (06) 345-9218
開放時間 / 週一至週五，09:00 ～ 17:00
門票 / 免費參觀

一進到測候所裡就可看到整個建築的模型

準備離開時，值班人員叮嚀說隔壁新的氣象科技展示場也有一些展覽，可以順道過去參觀，我就順著她的指引來到大樓式的氣象中心裡參觀。不過對比古意盎然的舊測候所來說，這新穎明亮的空間反而覺得太普通而不具吸引力，我只有看了短短數分鐘就離開了。

還是喜歡充滿特殊造型的舊測候所，坐在這裡的綠蔭下休憩，涼風習習好舒服，而且對面就是造型好看的太平境基督教會，後方是充滿日式庭園風情的鶯料理，小巷還有通往天壇廟宇的燈籠，整體就是一個優雅舒服的空間，是一處城市裡的美好角落。偶爾走逛，了知過往觀測天候的場域，古今對照，唱嘆科技的日新月異！

暢遊路線

從火車站搭市區公車1、2、6、7、10或11，在民生綠園站下車，步行可到。
從高鐵站搭接駁車H31至建興國中（扎廟）站，轉搭市區公車6在民生綠園站下車，步行可到。

 MEMO

「鶯料理」於日治時期大正十五年開業，迄今已有九十年歷史，為臺南第一個市定紀念建築。

開元寺

開元寺是目前臺南市規模最大的佛寺，也是臺灣最早創立的官方寺院。

開元寺充滿繽紛色調的門面，讓經過此地的人都會多看一眼

　　前幾年和堂妹騎自行車到開元寺，發現北園街上的山門色彩鮮豔，展現著活潑生動的風情，迎接來參訪的遊客。心想這大門應該是前陣子剛整修、彩繪過的吧！記憶中這裡充滿斑駁的古味。

　　從邊門一進來就被整個前院的榕樹群給吸引住了，這裡的榕樹有的莖幹粗壯，枝葉茂密翠蓊，有的氣根綿長成為支柱根，斜橫生長實在太綿延了，還須倚靠垂直的支柱支撐，才能保持穩定平衡，實在是難得一見的奇景。從這些榕樹莖葉繁茂錯密的樣子，就可知這些榕樹在此都有很多年歲了。

美好古蹟

走進院落建築之前有一處木牌刻寫的簡介，先在此把古寺的歷史風華融進腦際——開元寺創建於南明永曆年間，原係鄭成功嗣子鄭經為奉養其母董氏而建，稱為「北園別館」。隸屬清廷後，設置福建分巡臺灣廈門兵備道，首任巡道周昌在此結亭築舍。直到康熙 29 年（西元 1690 年）才改建為寺宇，嘉慶年間正式命名為開元寺，算算年代已有三百多年的歷史。寺內佛像莊嚴、殿宇宏偉，是臺灣古剎之最，在當年和府城的法華寺齊名，因此有北開元、南法華之說。

開元寺為三進式的四合院建築，院落分明，古榕參天。前殿、正殿和大士殿分別奉祀彌勒佛、釋迦牟尼佛和觀音菩薩，並有四大金剛、十八羅漢，特別的是還有延平郡王鄭成功的牌位。其中大士殿門楣上的「不二法門」橫匾、鄭經井、「圓光寂照」寶塔以及花園內的黃綠色七絃竹，都是遊客訪古攬勝的重點。

一走進院落，會感覺方正齊整的建築群帶有古雅的氣質，雖然經過修復，也還盡量保有原來的質感，所以依然可以看到刷著淡淡青藍色的牆壁、木門，古老的洗石子地板及許多年代悠久的牌匾、老鐘，甚至還有日據時代的消防栓。整體呈現出來的氛圍是古意中帶有一點華麗，而這些華麗感就來自於剛漆上不久的漆繪色彩，在一些門神彩繪、剪黏雕塑和飛簷下的藻飾中都可以見到。

MEMO

法華寺位在法華街上，可順道來訪，感受不同風情，來見 p.65

「藝」遊臺南 14個懷舊古蹟

綠蔭滿滿的前庭與寺廟合成一幅靜謐的景象

老榕樹的氣根長成像主幹般粗大且橫向曲長，形成特殊的景象

參訪完建築群，我們又回到寺前的台階小憩，才注意到這裡竟然有一株山櫻花啊！不知是否因為南部天氣熱，並不適合山櫻花的生長，還是已經過了開花的季節，此時櫻花樹蒼勁的黑色枝椏上，只有幾片綠葉和殘敗的粉紅花朵，有一種疏落卻也特別稀有的吸引魔力，完全擄獲了我的目光。

幾年後再度來到這裡想找那株櫻花，無意中發現還有滿開的梅花，讓我又驚又喜。在平地的炎熱氣候下，竟有這樣滿開的老梅樹，日光暖照下蜜蜂環繞飛舞，比我們熟知的武廟老梅長得還要好。就這樣，我記得每年冬日時節要來寺裡看梅花，不過有時遇到超級暖冬花況就不好，或是來得太早、太晚，沒抓住花開的時令，也看不到像那年的滿樹白梅。不過不管如何，繁盛的老榕樹總是以綠意盈盈的身姿迎接訪客，風起的時刻，那美妙的樹海娑婆之音，真是好聽，夏日蟬唱更是撩人啊！

地址／臺南市北區北園街89號

電話／(06) 237-5635

開放時間／04:00 ～ 19:00

從火車站搭市區公車5於開元站下車，步行即可抵達。

林百貨

老一輩的臺南人都稱林百貨為「五棧樓仔」，它是當年附近最高的建築。

美麗的林百貨夜景

　　我剛從北部回臺南定居時，因常到中正路和忠義路交叉口附近的銀行辦事情，就注意到旁邊這棟位在三角地帶的建築。覺得這建築很好看，可惜古老破舊，好多處磁磚和窗戶都破掉了，但最頂樓處總有國旗升起飄揚著，傳說還有老榮民住在此。

　　然後一段時日後，它就被包裹在帆布裡，進行了一段費時冗長的修復工程。再度呈現在市民的眼前時，它以嶄新但又帶點復古味的新「林百貨」之姿，讓我們的視覺為之一亮，我趕緊來朝聖，走入它的內部空間，體會搭復古電梯的絕妙之感。回家後和母親聊起，她說她們年輕時代就會到這俗稱「五棧樓仔」的百貨逛街，當年這附近可是繁華的黃金地帶，非常熱鬧的。

細究這建築的身世，座落於末廣町——臺南第一條經過整體規劃設計及開發建設的仿歐風洋樓市街，也就是目前忠義路與中正路交會的這一帶，末廣町店鋪住宅的興建工程於西元 1931 年開始，並於隔年完工，之後各商店陸續開業，帶動了此地的經濟繁榮，是當時婦人逛街消費的高級商業區，所以又有「銀座」的美名。

　　當時此街區最低的建物為三層樓，比較高的為五層樓，而林百貨的樓層最高達六樓，只是從立面看不到六樓的神社部分，所以大家還是以臺語的「五棧樓仔」來稱呼。其實很多人都不知道有這個神社，1932 年林百貨開幕時並沒有設置神社，是於半年後（1933 年 5 月）才落成披露，該神社稱為「末廣社」，是侍奉會社主護神的神社，非百貨店對外開放的區域，為臺灣僅存之店鋪建築內的空中神社。

　　林百貨的設計者為梅澤捨次郎，採用鋼筋混凝土構造，外部以洗石子及溝面磚來處理。立面的基調為古典樣式，弧狀陽台及圓洞窗，接近文藝復興時期的建築思潮；帶進希臘式的山牆和樑柱，有仿石構造的貼面磚，及仿希臘楣式結構的橫向洗石子飾面樑。總體言之，為新古典主義及現代主義的融合體，即使在這麼多年後來看，還是覺得很優雅、有古典氣質。

　　林百貨不但是當年南臺灣第一個近代高樓百貨，與臺北的「菊元百貨」齊名，其中的電梯設備更是創舉，是象徵文明進步的現代設備。修復後重新開幕的林百貨，以文創百貨的形式為主，販賣許多臺南特色的商品，少了坊間大型百貨的商業氣息，也就特別吸引外國遊客和文青們，感覺來到這裡就充滿文藝之氣。

一樓大廳的古典樑柱和吊燈

我喜歡這裡的樓梯和頂樓建築，尤愛頂樓別具特色的神社造景，充滿濃濃的日式風情。在這裡點一杯飲料，倚坐一角、吹吹舒服的風，懷想一下昔時此地的繁華盛景，有一種鬧中取靜的悠然，尤其夕陽西下的傍晚時分最是漂亮，真的是城市裡的一方美好角落啊！

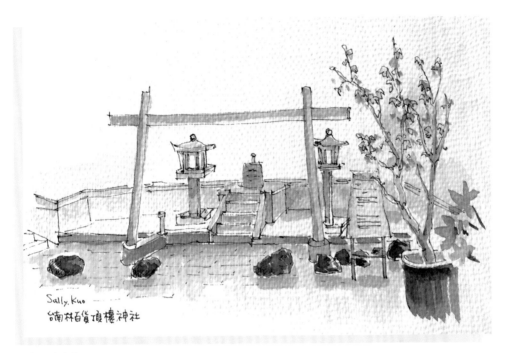

Sally. Kuo
林百貨頂樓神社

頂樓的稻荷神社

網址｜http://www.hayashi.com.tw/
地址｜臺南市中西區忠義路二段63號
電話｜(06) 221-3000
營業時間｜11:00 ～ 22:00

從火車站搭市區公車1、7，或紅幹線在林百貨站下車；藍幹線在忠義路站下車。

安平古堡

荷蘭人走了、鄭氏王朝也滅了，經過日治到民國，這古堡依舊在這塊土地上佇立著，緩變的容顏裡有說不盡的故事。

臺灣城殘跡

高聳的安平古堡尖塔一直是代表臺南的一個重要地標，出現在很多的觀光冊頁或明信片上。只要出現安平古堡的圖像，大家就知道是臺南，就像蓮池潭的春秋閣一樣，大家一看就知道是高雄，都是城市的代表性建築風景。而安平古堡是臺南古蹟中我最熟悉、也最充滿記憶與親切感的所在。

小學三年級時，班上轉來一位新同學，我跟她蠻要好的，而她的媽媽就在安平古堡販賣紀念品。於是我們常利用假日，幾個好朋友約一約，就搭公車去安平古堡找她，那時的古堡還沒有外圍牆，販賣紀念品的小販就川流在遊客群中介紹攬客。當年我們沒什麼零用錢，買印有安平古堡圖騰的鉛筆或明信片對我們也沒什麼用，於是都把錢拿來吃零食或點心，記得在那裡吃到的蚵仔煎，蚵仔又大又肥，也是人生初嚐蚵仔煎最美好的記憶。現在的蚵仔煎店多集中在古堡南邊附近，其中古堡蚵仔煎是我們家最常吃的，蚵仔多又肥、很好吃。

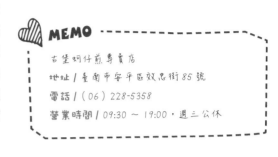

MEMO

古堡蚵仔煎專賣店
地址｜臺南市安平區效忠街 85 號
電話｜（06）228-5358
營業時間｜09:30 ～ 19:00，週三公休

　　除了吃，爬樹和爬牆也是這地景的美好回憶。古堡邊廣植榕樹，許多老人家都喜歡在樹蔭底下乘涼、閒聊或打盹，我們小朋友則充滿「野」勁，都在巡看哪棵榕樹比較好爬，然後爬上爬下的享受著開心又有點害怕的攀爬之樂。爬樹時就發現有兩個男生正要爬過矮牆到需要門票的塔樓區域，當年整個古堡外圍都不需門票，只有要進到最高處的塔樓區才需付費，不過圍牆很矮、磚縫又大，許多小朋友就從售票亭遠側不易被發現的區域爬牆或躦過去省門票。

　　現在的古堡區已翻修過幾次，和兒時所見到的樣子差異頗多，像紅磚就變得新穎完整多了，以前的古堡磚牆不但牆色老舊，還有很多斑剝之處。古堡的歷史悠久，最初是荷蘭人在西元 1624 年所建，古稱熱蘭遮城，是臺灣最早的要塞建築。後來鄭成功擊退荷蘭人，這裡就成了鄭氏王朝的居城，同時改為「安平城」（又稱臺灣城），現在古堡區裡還有鄭成功的雕像。日治時期將城垣剷平改建紅磚高台，城堡建築幾乎全毀於一旦。

　　現在安平古堡有兩處遺跡被列為古蹟，一是臺灣城殘跡，另外是熱蘭遮城城垣暨城內建築遺構。其中臺灣城殘跡最引人注目，城牆是以紅磚砌成，用糯米汁、糖漿、砂和牡蠣殼粉調製成紅磚間的黏劑。現在上頭有榕樹盤據，其氣根攀爬在紅磚與斑剝的灰色牆面間，形成了特有的景致，讓人感受到植物堅強的生命力，和時光在地景裡留下的歲月刻痕。

　　古堡屋舍純用紅色磚瓦，黃昏時與日落相輝映，景色優美，「安平夕照」還曾在1953 年獲選為臺灣八景之一。現在登高遠眺雖不像以往可鄰海景相近，但一樣可見廣闊雲天，整個視野還是很舒服，尤其在黃昏時刻的夕光下最為漂亮。而民眾登高望遠的瞭望塔多被以為是安平古堡，但事實上今日所見的瞭望塔是1975 年配合觀光年計劃所修建，

安平古堡的觀景瞭望塔是最能代表臺南的一處地標風景

前身是光緒年間建於安平埠頭的白色燈塔,於日治時期遷建於荷蘭城西北角的高台,並不屬於古蹟。

　　還有古堡區裡的鳳凰木和雞蛋花(緬梔)也是我的最愛,每到夏天鳳凰花和雞蛋花盛放時一定要來此走走,有時無所事事的倚坐雞蛋花樹下,看看遊客、回想兒時的過往,就會油然升起一種幸福感。對我來說,安平古堡就是個充滿魔力的場域啊!

INFO

地址 | 臺南市安平區國勝路 82 號
電話 | (06) 226-7348
開放時間 | 08:30 ～ 17:30
門票 | 全票 50 元;半票 25 元,臺南市民憑身分證件免費

營遊路線

在火車站搭市區公車 2,或觀光公車 88、99 至安平古堡站。

安平樹屋

　　來到安平樹屋只能用驚嘆連連來形容，驚嘆這裡的榕樹竟然可以長成如此巨廣，盤根錯節的模樣真的很驚人。

Sally.Kuo.

日光暖暖的安平樹屋 2015.6.11. AM 11:25

盤根錯節的景象映入眼簾，讓人驚嘆不已

　　這裡剛開放的時候，聽到「樹屋」兩字，我以為是蓋在樹上的房子，後來聽人說這是個被樹包圍的房子，覺得很奇特，就想一定要來看看。一來訪，看到榕樹氣根爬滿在斑駁紅磚泥牆上，形成錯亂的交織狀，只能說榕樹的生命力真的很旺盛。再走進屋頂已破損、透露出半邊天的室內空間，驚嘆聲更是破表，從屋頂垂下來好多的榕樹氣鬚，長長短短的凌空垂盪，只能說真的是奇景了。

看了資料才知原來這裡的榕樹為具侵略性的樹種，尤其喜歡攻城掠地、擴張版圖，排他性非常強，任何植物都很難在它周邊附生。此外榕樹的枝幹會長出氣根，可以直接吸收空氣中的水氣，所以越潮溼的地方氣根越發達。而且這樹的根部能夠分泌根酸、溶解石灰岩，因此適合生長於石灰地質上，這裡的榕樹群就是善用此種特性、攀爬附著於早期三合土的磚牆上，所以才會造就如此盤根錯節的精彩。

　　其實這裡原本是英商德記洋行的倉庫，廣達一千四百多坪，在日治時期則作為大日本鹽業株式會社安平出張所的倉庫。光復後日本人離開，這裡變更為臺灣製鹽總廠，後來臺鹽的辦公室搬遷，這裡就慢慢荒廢了。沒想到人去樓空，植物所展現的生命力依舊隨時光增累著，好多棵榕樹的枝幹衝出屋頂、氣鬚垂掛，形成了「樹以牆為幹，屋以葉為瓦」的特殊景觀。

　　最後在建築師的重新規劃和設計下，鋪設了不少木棧道和鋼骨樓梯環繞其間，讓人可以走進樹屋穿梭、登高俯瞰，不只是仰望樹叢，還可改變視角俯視榕樹的枝頭，真的很特別。尤其屋頂上落葉滿滿，新生的綠葉與枯黃的落葉一起交構在屋頂區域，破腐的屋頂透著滄桑美感，這畫面每每讓我走至這裡都要停歇下來好好觀看。夏天來時在這裡小憩，還可聽蟬聲合奏的起伏樂章，和陣陣的涼風吹拂，真的很舒服。

位在德記洋行旁的安平樹屋

現在鋼骨區域又延伸往北，形成高架的空橋步道，這空橋因高度的關係，把人的視野帶往更寬廣遠闊的地帶，看到平視不容易見到的畫面。可走到鄰河的堤岸畔觀景台看水鳥，這裡視野開闊，每到接近夕陽時分，許多白鷺鷥和夜鷺紛紛飛舞在天空，那畫面真是震撼動人。生態池邊還有一座腳踏水車，可以讓遊客體驗古早的農村生活，利用雙腳踩著踏板，等到水量到達水位，水車就會自動轉動，很有意思。這景點也成為我喜歡帶外地朋友來參觀的所在，非常有特色啊！

　　雖然這裡我也算常來，但去年因為帶學生來此寫生畫畫，和拍照不一樣，長時間的注目，才真正好好觀察榕樹氣根與紅磚灰泥牆面所共構的美感，真的都是時光淬練後的自然之美，刻意造作也無法做出來的佳構，如此有特色的地方怎能不細細品味而匆行之呢？

地址 / 臺南市安平區古堡街108號
電話 / (06) 391-3901
開放時間 / 08:30～17:30
門票 / 全票50元；半票25元，臺南市民憑身分證件免費

陽光透灑樹屋內，有種特別的氣氛（林宜慧提供）

榕樹的氣根攀爬在牆上真的很驚人

充滿古味的紅磚灰泥牆

從火車站搭市區公車2，或觀光公車
88、99至安平樹屋站，即可抵達。

德記洋行

德記洋行的白牆白的純粹乾淨，加上圓拱的造型，整體散發的氣質就是簡潔又優雅，在安平的古蹟群中非常獨特。

白色拱牆和綠色欄杆是德記洋行的經典建築語彙

在安平處處都可見到古蹟，但以德記洋行的建築造型和其他較為不同，畢竟是西方的商行，建築型式也帶進了西方的語彙，讓人一眼就能看出它的外籍身世。

安平是臺灣史上最早的港口，不管是在荷蘭、明鄭、清朝或日本統治的時期，都是臺灣主要的貿易港。清朝同治三年（西元 1864 年）安平開埠，外商紛紛來此開設洋行，其中以英商德記、怡記、和記，美商唻記和德商東興等合稱「安平五洋行」最為知名。日治時期，洋商因鴉片為日人專賣，海運業務也被其所奪，遂將洋行撤出了安平。洋行建築就改建或作為他用，像唻記洋行改為大阪輪船株式會社、東興洋行改為安平支廳、怡記洋行改為安平水產學校、和記洋行則改建成臺鹽職工眷舍。現在洋行的建築只留下德記洋行和小砲台附近的東興洋行。

當年德記洋行將屋舍售給臺灣製鹽株式會社，光復後則為臺灣製鹽總廠接收為辦公廳舍，直到後來臺鹽遷址。民國六十八年，市政府將德記洋行收回並整修，做為臺灣開拓史料蠟像館。記得小時候這蠟像館是設在安平古堡西側臺灣城殘跡旁的建築裡，是我們一群小朋友喜愛又害怕的所在，因為那蠟像實在做得太逼真了，加上大部分是清朝人或原住民的身形、又高又大，還有清朝的官服總讓我們聯想到殭屍，所以我們常常一群人進去了，又三三兩兩衝跑出來，好幾次還被那裡的管理員訓罵，説我們的聲音太大了。改遷到德記洋行的蠟像館，後來經過設計如故事編排般的呈現和介紹，加上年紀也較大了，對蠟像不再那麼恐懼，來德記洋行反倒像歷史知性之旅般，透過蠟像的展示而對在地歷史有更立體清晰的瞭解。

　　去年這裡又做了大翻修，推出多媒體形式的「與世界連線──打開安平的時光寶盒」特展，以安平的過去、現在和未來為主題，展出十七世紀大航海時代的文物，像是以前海關的文物、手稿等，用系統性分區解説的方式來介紹洋行的源起、貿易航運路線、交易模式，重現安平的貿易史，還有聲音、影像的配合，走進這裡一趟就能對安平的過往有一番清明的瞭解。

　　走出展場，還可以在迴廊下小憩，許多人都喜歡在這歐風的廊道上拍照，光線穿透過弧形的拱牆，影子在地板上呈現的明暗特別活潑有趣，倚坐欄杆、看看周遭的景色也成了旅人的最愛。

倚坐在廊道下小憩舒服寫意

美好古蹟

春天羊蹄甲花滿開時的德記洋行

　　德記洋行東側的朱玖瑩故居也在 2013 年完成整修，裡面展示了許多大師的書法複刻品。西側與安平樹屋連成一氣，一張門票就可同時參觀三個地方，三個空間都可互通，讓來參訪的人有更高度自由行動的空間。我尤其喜歡非假日時光來此，遊客不多，充滿綠意的悠靜空間，散步閒走分外美好啊！

位在德記洋行東側的朱玖瑩故居

地址 | 臺南市安平區古堡街 108 號

電話 | (06) 391-3901

開放時間 | 08:30 ～ 17:30（德記洋行與朱玖瑩故居皆同）

門票 | 全票 50 元；半票 25 元，臺南市民憑身分證件免費

從火車站搭市區公車 2，或觀光公車 88、99 至安平樹屋站，即可抵達。

夕遊出張所

各種顏色的鹽放在小碟子上，鋪展成一片「鹽色」的階梯，真是美極了。

和洋混搭的夕遊出張所建築本體

　　開始注意到安平這個新的旅遊點是因為名稱特別的關係，「夕遊出張所」帶有濃厚的東洋風，也讓人猜想到其歷史淵源應該和日本有點關係。

　　沒錯，日治時期實施食鹽專賣制度，這裡原是隸屬於臺灣總督府專賣局鹽務課的安平支局，後來更名為臺南專賣支局安平出張所，1924年因為組織精簡的緣故，改制為臺灣總督府專賣局臺南支局安平分室。在以前鹽業興盛時期是相當重要的一個據點，光復初期曾將事務室更改為宿舍，供鹽務總局的眷屬居住，後來被經濟部收回成為市定古蹟，於2008年開始整修，2010年開放後委由在地的企業來經營管理，以鹽為主題，開發鹽的相關商品，定名為夕遊出張所。

這裡在過去等同於現在的轄區行政機關一樣的功能，出張是日語出差的意思，出張所代表的就是出差洽公的辦公室，而鹽的日文發音為 sio，很像國語的夕遊，且這裡的地理位置也相當適合觀賞夕陽，因此有了夕遊出張所的名稱。

這裡剛整修好開放的前幾年，因前方有鹽神白沙灘公園，很適合玩砂、堆砂，所以每到假日的傍晚時刻總喜歡往這裡跑。一走進這處充滿濃濃日式風情的建築，就會被這裡高聳的夫妻樹、淨手池所吸引，就像來到日本的神社景點一樣，大樹上掛滿了祈願祝福的繪馬，舀一勺清水洗洗手也一樣有日本味。然後踏進室內，立刻被滿滿一桌階梯式的各色生日鹽所深深吸引，這生日鹽以月分區分，每個月分都有一個名稱，像我的生日是八月稱為「葉月」，每個日子的顏色有一點小差異。

「怎麼這麼漂亮啊！」「好夢幻的顏色呀！」滿室的讚嘆聲中，大家總是急著往自己生日月分的方向跑，想要趕快看到屬於自己的生日鹽究竟是什麼顏色，也順便看看上頭關於個性的一些注釋。很佩服能夠調出這麼多的鹽色，沒有寫錯就是鹽色，一年 365 天，每天都有不同的代表色，對於我們這種整天在畫畫調色的人來説，看到眼前的美色只有驚喜和讚嘆，佩服色調的微妙。

各色美麗的生日彩鹽

這建築也不純然是日式風格，而是所謂的和洋折衷式，入口處的屋頂稱為「半切妻」，上面不鋪屋瓦，僅有雨淋板。玄關仿西式露台向外突出，立有兩根經過洗石子處理的柱子，地上還鋪有一排警示紅磚。牆壁上則開長窗並有雨遮，屋後設有長廊，有一種優雅的氣質。不過假日的入口處遊客總是很多，

外頭擺放的復古人力車為日治時期的一種交通工具

比較熱鬧吵嚷，我喜歡從屋子後面的庭園處來欣賞這建築。L 型的建築在日光的照耀下形成一些陰影空間，擺放上白色的遮陽傘，顯得特別亮白好看，和如茵的綠草地及褐灰色建築物配在一起，非常好看。

而且這附近沒有什麼高樓遮蔽，視野空曠，大片的藍天襯景，整個就是非常舒服。尤其夏日傍晚，從西南邊吹來帶有海水味的清風徐徐，在這裡放空小坐，細細品味眼前這建築，就覺得很愜意。然後吃吃鹽花冰淇淋、鹽焗蛋，再喝杯鹽味紅茶，體驗一下鹽製品的特殊口感，真的很舒愉。附近也有不少木麻黃林子的空曠場域，都是適合散步的好地方，悠遊閒走、聽聽悅耳鳥唱，就是怡人的夕遊好所在啊！

INFO

地址 | 臺南市安平區古堡街 196 號
電話 | (06) 391-1088
開放時間 | 平日 10:00～18:00；假日 10:00～19:00
門票 | 免費參觀

常遊路線

從火車站搭市區公車 2 或觀光公車 88、99，在德記洋行站下車，步行約五分鐘可抵達。

臺南神學院

神學院校舍整體以灰樸低醞的色彩為主，走進其間讓人心平靜和。

　　秋日午後，陽光特別晴亮，是個適合散步的好時光。我與一群愛好老樹的伙伴一起，在府城文史老師的帶領下來到神學院，進行了一場輕鬆卻也知性滿滿的悠遊閒走，也才知道院區裡有這麼多一直存在的寶貝植物。

　　神學院座落在彌陀寺的後方，循著巷弄就可從古老的佛寺來到這歷史也非常悠久的神學院區，兩個不同的宗教信仰卻在如此緊鄰之地各自發展著，還都是府城裡百年以上的古老院落，那奇趣行走其中特別能感受。

說起這裡的由來，1865 年英國長老教會差遣馬雅各醫生（Dr. James Maxwell）來臺布道，有感於培養本地宣教人才之需要，便於 1869 年在臺南二老口醫館的禮拜堂開辦「傳道者速成班」，而後在臺南及高雄旗后亦成立「傳教者養成班」，即為臺南神學院的前身。1876 年兩者合併創辦了臺南大學（神學院），由巴克禮牧師（Dr. Thomas Barclay）擔任首任校長，算算歷史可謂全臺首學。

不同於彌陀寺華麗多彩的宮殿式建築，一來到神學院區，灰樸低調的色彩就讓人的心往定靜的一方靠攏。這裡的建築型式工整，沒有過繁的裝飾性線條，許多窗櫺、列柱也都以對稱簡單的型式來建造。前院建築的整體高度不高，走到禮拜堂處有高聳的塔狀建築，就會感覺屋宇特別高挑聳立，是當年許多教堂的建築手法。

來到禮拜堂裡，白色的壁面和棕色的窗櫺組構成優雅的空間，講台上方幾個

灰色調低醞感的禮拜堂

MEMO

校園為半開放空間，歡迎散步來觀，學生上課期間勿大聲喧嘩。

小巧的玻璃花窗，讓整體空間有了注目的焦點，但又不會過於華麗，洋溢濃濃的低醞美感。不管是列柱、燈飾、座椅……，在這裡都是井然有序的排列，充滿結構性的規律美感，讓人坐在禮拜堂裡就有一種妥貼安穩的心緒。

　　走出禮拜堂往後方的院落散步，在這裡可欣賞到最美的壁面，一整片灰樸與白色線條及拱狀長窗所組構出來的壁面，成為後方庭院讓人嘩然驚喜的所在。中間一方花瓣圖騰的玫瑰花窗，讓整個壁面有了畫龍點睛的效果，且窗櫺的座落方向剛好在西邊，可以想像從玫瑰花窗投射進一道道光線的神聖之美，尤其夕光彩霞的時分，整個花窗染上綺麗雲影的色彩是多麼美麗的光景。

　　環著禮拜堂散步，樟樹淡淡的清雅之氣瀰漫身畔，青翠的楓香葉形是我最愛仰望的視點，想像著它們在寒冬中轉紅的色澤。喜歡枝椏盤錯的大樹，它們勁節向上的彎曲枝幹形成的蒼勁力道，與方正的建築搭配起來，特別有種幻化的絕妙風采，是我拍攝照片時最愛的取材構圖。

　　來到中庭則是一方規矩的平坦草地，在這裡水泥步道砌成規矩的十字形，在十字的正中央有一圓形的花圃，裡面種植的是玫瑰。坐在台階上看花、看大片藍天下變幻的雲影、看這已有百年的校舍建築，耳畔是幾聲清脆的鳥啼，這美好真讓人不想移動身子啊！

　　休憩了好一會兒，穿過廊道，我們來到神學院的前庭。這裡有兩排高聳的大王椰子，像列隊在歡迎人們到訪的無聲衛兵般，直挺與高聳的身軀給人昂揚有勁的感受。兩邊各自種植有翁茂的大榕樹，據老師說這兩棵榕樹都已有百年以上的年歲，見證了基督教會從西方傳進府城，在這裡落腳生根。

　　歷經了日據時代到光復後的現今，這悠悠的漫長歲月中，老樹始終挺立著它們蒼勁的身軀。而我們能坐在樹下、吹著清涼的午後和風，聽老師講述這裡的歷史風華，對自己生長的這片土地又有更深一層的認識，這種感受真的很棒。悠靜的神學院，真是城市裡的一方美妙淨土。

網址 / http://www.ttcs.org.tw/
地址 / 臺南市東區東門路一段 117 號
電話 / (06) 237-1291
開放時間 / 週一～週五上課時間不開放；
　　　　　週六～週日開放申請參觀

在火車站搭市區公車 3 於東門教會站下車，步行約五分鐘可到。

  美好古蹟

臺南知事官邸

　　春天，是苦楝花開的時光，也是知事官邸一年之中最美、最值得來造訪的時分。

有多個圓拱造型的磚屋，建築本身就很有特色

　　日光烈豔的午後，當我行經衛民街的街口，突然被蔚藍天空下的這棟美麗建築所攝住，停下了匆行的車旅。這建築的模樣不同於當今的型式，那典雅的樣式讓人猜想它有不凡的身世，一定是過往時代的重要建築，但荒僻古舊的建物實在讓人沒有走向它的勇氣，在枯草與亂景間的滄桑味寫下註定要被人們遺忘的命運。

　　還好過了一段時間，它就被隔離在一道綠色的鐵皮圍籬之後，屋頂也以帆布蓋住，進入了修復的工程階段。再經過一段時日，當圍籬撤開後，一棟米色的典麗磚造建築就以方剛又帶優雅的姿態，成為都市裡的新容顏，在春天我來探覽盛開的苦楝花時，給了

視覺極大的驚豔。尤其午後時分，強烈的日光把米白的牆面照出洗亮色澤，橘褐色的樑柱與飾邊把建築鑲嵌出重點，拱形迴廊錯落的日光陰影明暗，在壁面上形成了奇趣的剪影，煞是好看。

知事官邸原是日治時期臺南縣知事所住的官邸，後來臺南縣改制成臺南州，繼續延用為州知事官邸。當有日本皇族來臺時，偶爾也會將該建築作為「御泊所」，供皇族居住。大正十二年（1923 年），當時還是裕仁太子的昭和天皇遊臺期間就曾居住在此。

也許是這個因素吧！這裡的內部陳設還留有不少日式風情，尤其爬上階梯來到二樓的左側廳室，管理者還將這裡想像模擬成當年的場景，有壁爐、古典的沙發、皇太子寫字辦公的大桌，還有一些歷史文件的介紹，讓人仿若走進時光隧道的彼方，對那個時代多了一份親切與熟悉。

二樓內部特別保留一個空間，模擬當年裕仁太子在此辦公的陳列

  美好古蹟

來到前廊，更能感受日光的洗禮，烈日的天空把藍的澄透表現的一覽無遺，讓迴廊的光影有了銳利的裁邊。俯瞰前庭，綠草整理的乾淨青翠，擺放整齊的單車，有種文青喜愛的風格。散落樹下的咖啡店戶外座椅，藏著悠閒的想像，整體就是充滿了生氣，真的很難和以前荒僻晦暗的感覺作聯想啊！

走下樓梯，細細品味沿階而立的大書牆，書香氣息再度把文青風格明確顯影。走進樓梯旁擺滿文創商品的小空間，我馬上被一本以紫色苦楝為發想的插圖筆記本所吸引，想起多年前我就是因前方美麗的苦楝樹花才發現這棟老建築的，跟著歲月的悠緩而過，也看到了它的點滴轉變，真是心喜。

現在走進這裡的人多了，歷史觀光與文創商業間取得了互惠的美妙平衡，所以我也不免俗的用小小的金錢來支持這裡的永續經營，於是就買下了喜愛的苦楝花筆記本。這筆記本以淡紫色苦楝的小碎花為封面，非常雅緻，是這裡的特色文創商品，別處買不到的，我至今都還捨不得使用呢！也提醒自己隔年春天一定要再來，在苦楝花開的美麗春天。

今年官邸前的苦楝老樹繁花盛開時，我剛巧行經此地，遇到雨絲輕飄的日子，雨把苦楝的小花洗滌的特別乾淨清雅，那淡紫美到至極，充滿詩意與浪漫。

「藝」遊 **臺南** 14個懷舊古蹟

INFO

網址 / http://www.otmr.com.tw/
地址 / 臺南市東區衛民街1號
電話 / (06) 236-7000
營業時間 / 10:00 ～ 18:00，週一休館

賞遊路線

從高鐵站下車轉搭臺鐵到臺南火車站，沿北門路向南步行到衛民街口左轉過人行地下道即可抵達，步行全程約10分鐘。

目前知事官邸委外管理，經營餐飲、文創和閱讀等空間

美好古蹟

吳園藝文中心 （臺南公會堂）

　　這個有綠塘、涼亭的好所在，是個可以放慢腳步歇歇腿、舒舒心的美好城市角落。

台南吳園裡的柳屋　　Sally.K 2015

木造建築的十八卯茶屋

　　這裡在我小時候的名稱叫社教館，是一個有小小演藝廳和閱覽室的所在，每到假日都有許多學子來這裡讀書，但木地板走起來咔滋咔滋作響的聲音，總是讓人不敢動作太大。後來社教館搬遷到中華西路一處更新穎的所在，這裡就進入修復期，整修後的園林恢復為以前的名稱叫吳園，細究歷史它也曾經是臺南公會堂，是一處重要的歷史空間。

吳園在創建之初名為「紫春園」，是由清朝道光年間的仕紳吳尚新所建，和霧峰「萊園」、新竹「北郭園」及板橋「林本源園邸」合稱為臺灣四大名園。當年吳尚新因經營鹽業致富，遂買下其宅第北邊原屬荷蘭時期通事何斌的庭園加以整治，俗稱「樓仔內」。到了日治初期，吳家子孫迫於政治壓力先被徵收部分土地，於明治四十四年在吳園南邊興建了「臺南公館」，後來家道中落，產權全歸為臺南廳所有。臺南公館就是後來所稱的臺南公會堂，也是臺灣最早創建的一座具有公共集會功能的現代建築物。

　　旁邊還有一棟昭和九年所興建的兩層樓日式老食堂，最早稱為「柳下食堂」，文獻記載為「柳屋」料理，是臺南市少數僅存的日治時期食堂之一。市政府以保存原設計與堅固建築為原則，將其主體外觀依原貌修復，木造的魚鱗板外牆面與室內低矮的房間都保持日本風味的原貌，到現在看來還很巧雅。修復完成後先是規劃為旅遊諮詢與伴手禮展售中心，目前改名為十八卯茶屋，是一處結合茶飲和展覽的所在。

　　我好幾次來此都是為了看畫展，一走進其內就有許多美好的陶瓷茶具可欣賞，二樓則是一處鋪設有榻榻米的展覽空間，充滿了日式風情，尤其從窗戶探看出去有綠樹環繞周際，在裡面賞畫、飲茶就是很舒雅。這裡也販售不少臺南的伴手禮，對外地的遊客來說很方便，不用跑太多地方就可買到屬於臺南特色的伴手禮，像是伊蕾特布丁奶酪、松村燻之味、同記安平豆花、吉利號烏魚子……，自用或送禮都非常適宜。

公會堂的建築本體好看又有氣勢

目前公會堂闢為藝術展覽的空間

　　走進旁邊的公會堂，這裡已改成展覽藝術作品的空間，在圓拱樑柱的燈光迴繞裡欣賞藝術作品有一種特別的氣氛。走逛間也可看到不少古早時代的生活事物遺跡，像園區裡就有三口古井，其中兩個為圓形，一個為半圓形，在展場空間看到的就是半圓井。相傳這些井為吳家飲水或灌溉之用，也有傳說是日人建臺南公館所鑿，以備戰爭或防火之用。這裡位於德慶溪的主要支流「溝仔底」，水源豐沛，不過日治後自來水漸普及，井多湮沒或成廢井。所幸 2003 年市政府修復公會堂，才使古井得以重現並保存現今樣貌，來看展時順道看井也很有意思。

　　社教館搬遷後的吳園，來訪此地的人比以前少了許多，也讓這裡多了一分悠靜。尤其夏天來到後方的涼亭區落最棒了，這裡大樹綠蔭濃密、涼風習習，端看中國式庭園造景的青碧水塘和旁邊的柳枝垂盪，就添加幾分涼意。有次假日來此畫圖速寫，聽聞好聽

的歌聲與樂器搭配的曼妙悠揚，仔細尋聲才發現十八卯茶屋旁的二樓高台有一群外籍勞工聚會唱歌。他們所使用的樂器滿特別的，發出的樂音十分悅耳好聽，曲調也輕快舒服，感染了在一旁畫圖的我。看起來這個空間也是他們假日聚會的好所在，吳園的風情不論是本地或外籍人士都會喜愛啊！

INFO

網址 / http://w2-culture.tainan.gov.tw/extra/wuculture.htm
地址 / 臺南市中西區民權路二段 30 號
電話 / (06) 221-7942
開放時間 / 08:00 ～ 20:00
門票 / 免費參觀

勞遊路線

從火車站搭市區公車 1、2、6、7、10 或 11，在民主綠園站下車，步行可到。

吳園的中國式庭園造景

美好古蹟

臺南地方法院

典雅和氣勢並融的厚實建築感，是日治時期臺灣三大建築之一。

圖拱屋頂下的大門區為以前官員的主出入口

　　小時候對地方法院的建築就很有印象，因它位在府前路的要道上、占地又大，讓人很難不注意到它。但後來臺南地方法院遷往五期重劃區、進駐新館舍後，這裡就封鎖在修復的圍籬裡。

　　修復後的地方法院比我小時候的印象更美了，走進來後才能知道它的精彩。這裡建於1912年，為臺灣總督府營繕課技師森山松之助所設計，是日治時期臺灣三大建築之一，也是全臺現存歷史最悠久的大型法院建築。整體樣式為西洋歷史建築式樣的綜合體，但以巴洛克風格為主，所以會看到很多像希臘、羅馬建築裡的列柱式樣，也有巴洛克式的

華麗古典氣質，最受人矚目的就是官員出入之主門區後方的圓頂，除了這圓頂，其餘大部分為馬薩式的斜頂。

在另一個次要入口區，往昔這邊上方還有一高塔建築，在當年的工法中也屬難得，可惜地震後龜裂，為求安全已拆除，現在再也看不到。不過修復單位在這邊用了一個鏡面倒影模型的特殊手法，讓人站在這往底下看便可見到高聳塔樓的倒影，藉以想像當年的高塔型式。負責修復的建築師說這有點像哈利波特電影裡場景的味道，小小魔幻味也成了修復完工後大家必來看的一景。

還有每天限制參觀人數的「貓道」，也是非常值得探看的。所謂的貓道是以前保留給修復工人要上二樓屋頂區內施工時所走的通道，當年只

修復後使用趣味的模擬手法呈現西側尖塔區

有 20～30 公分寬，現在整修後變為 120 公分。從這邊可看到整個馬薩斜頂屋架的氣勢，往下也可看到整個地方法院的規模、動線，不過基於安全起見並不開放通行，我們只能站在前方空曠處，在木頭的淡淡香氣間，讚嘆這建築工法的繁複與偉大。

說到窗戶，這裡除了圓形的牛眼窗外，優雅的上下拉窗為主要樣式，且當年就內建裝了平衡桿，所以上下拉都非常容易，停住時窗片就自然固定不會掉下來，從這細節就可看出這棟建物是多麼面面俱到，連這樣的小地方都這麼講究。

以前修復工人行走的屋頂貓道現在已拓寬

INFO

網址 / http://tnd.judicial.gov.tw/hs/P3_1.asp
地址 / 臺南市中西區府前路一段 307 號
電話 / (06) 214-7173
開放時間 / 09:00 ～ 17:00，週一、農曆春節、
　　　　　清明節、端午節及中秋節休館

從火車站搭市區公車 6，在公十一停車場站下車；或從高鐵站搭接駁公車 H31，在建興國中站下車，約步行兩分鐘可抵達。

MEMO

日治時期臺灣三大建築──
除了臺南地方法院，另外兩棟建築是當時的臺灣總督府和臺灣總督府博物館，即今日臺北的總統府和國立臺灣博物館。

整個建築除了外觀型式和壁面設計，內部就以主大門進來後的中央空間最為精彩。這裡就位於圓拱屋頂的下方，往上看是美麗又微透光的圓頂，撐起這圓頂的長柱共有十二根，每三根為一組，圍出一個典雅細緻的空間，細看柱頭銜接處那精雕細琢的華麗感，把整個空間營造出一種高雅華貴之氣。地板也鋪著維多利亞式的拼花地磚，非常不俗，站在這裡可感受這建物的偉大細膩，和完成修復後的新意，實在是很愛這個空間啊！

　　再往其他空間探索，還有以前羈押犯人的拘留室、法庭區、檔案區……等，都可看見過往與現今的一些軌跡，多了不那麼嚴肅的小趣味。連中庭的老榕樹也被用木架撐著、希望能恢復生機，為作為司法博物館保留更完整的樣貌。現在這裡已成為國定古蹟，是探看臺灣司法歷史風貌的一個重要據點，光是精彩的建築就值得大家前來。

　　真喜歡臺南有這樣的好地方，在歲月的推衍間老建物的風華再現，讓我們可重溫舊時代的美好經典啊！

大廳的拱狀圓頂充滿華麗的巴洛克風

美好古蹟

我的藝遊日誌
帶著畫筆去旅行

「藝」遊 臺南 14個懷舊古蹟

「藝」遊臺南
13 條賞花路線

Sally. K 2010

黃花風鈴木的花像風鈴，可愛鮮澤，滿開時璀璨一片，飄落時像隨風旋落的小吊鐘，都極具視覺吸引力。

速寫億載金城的黃花風鈴木

春日，府城的黃花風鈴木開得烈豔豔時，是我最喜歡騎著車在大街小巷晃蕩的時光。這花的爆發性和撼動力都非常驚人，短短約兩週的盛放期，讓人有必須把握時光的喟嘆，因為它的燦爛總是稍縱即逝，彷彿一不留神，就只剩下凋零殘敗在你的面前，是和櫻花一樣瞬間滿開，也很快殞落的花種。

黃花風鈴木是巴西的一種落葉喬木，別名黃鐘木或伊蓓樹，被認為是巴西的國樹，會隨著四季變化展現多樣的風貌，樹高 4 ～ 6 公尺最適合觀賞。樹皮有深刻裂紋，掌狀複葉，小葉五枚，倒卵形、先端尖，全緣或疏齒緣，全葉被上褐色細茸毛。花冠呈漏斗形，也像風鈴狀，花緣皺曲，為兩側對稱花，花色鮮黃。果實為長條狀翅果，二裂，18 ～ 30 公分，種子具翅。春天約三月開花，花季時花多葉少，非常美麗。

這幾年臺南的黃花風鈴木越種越多，每到春天花開時，到處一片耀燦的金黃，真的很漂亮。尤其以林森路近大同路口，和東豐路一帶最為滿開，還有離我家不遠的水萍塭公園、南英工商南寧街畔……，都能看到它們一大列的盛放之姿。其實在中南部的許多街道，近年來都廣植黃花風鈴木為行道樹，隨意遊走都可發現它們的芳蹤。

不過每年的花況不同，有時會開得特別燦爛，像是前年的億載金城，就出現了美到至極的盛放花況，經過臉書和媒體一報導，大家都往這裡來參觀。億載金城是安平區的重要古蹟，位在五期重劃區的光州路上，可搭觀光公車 88，或者只有假日才行駛的 77-1 安平環線假日公車，都是在億載金城站下車，非常方便。

據說是天旱缺水的關係，花朵自動開啟須燦放到極致的最大值，造成了遍地金黃的滿開盛況。億載金城種植了非常多的黃花風鈴木，沿著護城河岸邊，成排的黃花倒映在水裡，那景致真的太浪漫。

我也趁花期滿開之際，尋了個上午來此速寫畫畫，發覺好多人來拍照，也有人寫生，在樹下野餐、拉琴……，這讓我聯想起日本人喜歡在櫻花盛開的樹下野餐、聊天的畫面。大家都喜歡在春花樹下的野宴，感覺特別舒愉，氣候也慢慢脫離了寒冷之氣，春暖花開的時節，賞花踏青真的很棒。

回想小時候，億載金城並沒有這樣的景觀，黃花風鈴木應該是最近幾年才種植的，這樹的成長也算快，三、五年就能長得枝葉繁茂，所以也成了行道樹的佳選，在佳里區的鄉道，還有一些新闢的重劃區路徑，都有它們佇立的身影。

黃花風鈴木的燦金色彩好似有種魔力，讓憂鬱的人可以掃去煩憂，春天的府城因這燦開的花，而有了更絕美的城市容顏，年復一年，花開花謝，年年都有春遊賞花的期待就是美好的。

「藝」遊**臺南** 13條賞花路線

 MEMO

黃花風鈴木於天氣變暖的三月間開花，林森路、東豐路的樹齡較長，花況也好。現在許多路邊的行道樹也都可看到它們的身影，但花期不長，約只有兩週，賞花須把握時光。林森路以一段靠近大同路的地方，花開得最茂盛，東豐路則以三段、還有靠近二中的鐵道附近，開的最密集盛大。

億載金城可搭觀光公車88，或市區公車17抵達。

億載金城護城河畔的黃花風鈴木

黃色的花燦開起來黃澄澄的就是好看

林森路上燦開的黃花風鈴木

古寺風華

　　法華寺位於中西區的桶盤棧，為竹溪北岸，寺裡有多幅壁畫，都出自於
名家之手，初春時分，寺院裡的各色茶花盛放，是非常值得一訪的古寺。

法華寺側影

　　氣溫低冷的早晨時光，鳥雀的悦耳音聲在庭前的榕樹間迴盪，來到法華寺的清雅空
間，心也跟著定靜起來。每年這個初春時節，我總會找時間來寺裡賞茶花，因為這裡的
茶花開得又大又美，各色的茶花續接開放，一種勃發的生命力漾開在空氣間。

　　過往總是以拍照來記錄這場景，此次以畫圖來記錄花顏，更能深入觀察茶花的樣貌，
原來花瓣曲捲的型式是這樣自然；原來嫩芽的芽尖是如此分布；原來枝椏勁節的粗糙質

感是這樣的紋理……，因為繪畫讓我深入的觀察一棵植物、仔細的凝視一朵花，享受它綻放時的美感，周圍還有桂花的淡雅香氣幽繞。此季節的古寺，寧靜裡有春天即將到來的再發生氣微微漾著，就是這麼喜歡這裡的。尤其法華寺遊客不多，非常安靜清寧，可以靜靜欣賞茶花，畫圖也不會受干擾的感覺很棒。

　　以賞花來說，就屬春天的茶花最讚，但其實寺裡花木扶疏，每一季節都有它的精彩。法華寺本身就是一歷史悠久的古寺，就算不賞花，整個佛寺裡也有許多可看的景色文物。此寺最初建於明末時期，是隨鄭經來臺逸士李茂春的故居，早期叫準提庵，供奉的是準提菩薩，直到清朝康熙二十三年，臺灣知府蔣毓英集資於此建佛寺，才將寺名改為法華寺。第二次世界大戰時，主要為木造的法華寺多半焚毀，之後儘量以仿古型式修繕，整體上依循傳統修建，所以來到此地還是感受到濃濃的古寺風情，而不會像有些廟宇一翻修後，完全失去原有的味道，全部煥然一新了。

2016. 2. 16. AM 11:00
台南法華寺茶花

我最喜歡法華寺的白茶花

我最喜歡的法華寺風景除了花外，就屬這裡的木造結構，像功德堂的木構造就是寺中最古老的部分，刷在門扉上的漆色有一點斑剝，但色澤實在好看，貼在上頭的書法春聯，筆墨形趣皆有味。有時候光是繞行各殿廳堂，觀看這些詩文墨寶，就覺得充滿書卷雅味。這裡也是府城四大名寺之一，其他分別為開元寺、竹溪寺和彌陀寺。

古寺裡也有不少寫記歷史修繕的碑文，還有很值得一看的壁畫，其中「莊周夢蝶」、「達摩面壁」和「虎溪三笑」等，都是出自於府城名師潘麗水之作。還記得我第一次來法華寺，就是想來尋訪這文獻上所記載的「莊周夢蝶」，想看看壁畫到底是什麼模樣才踏進這裡，一來就被這裡的菩提樹所吸引，還有鳥鳴悅耳的聲音也很舒愉。可惜壁畫斑剝掉色得非常嚴重，灰白的牆面上，只能看見模糊的莊周夢蝶幾字，裡面的人像能看到古裝衣飾筆法，臉顏也都不清晰了，很難判斷名家的手法到底好不好。

過了些年再來，壁畫已經修復，墨線似乎變深濃了，但筆觸比較僵硬，也許是修復師照著先前的壁畫再疊層上去的。又再過了些年，壁畫經過風雨的摧殘還是又模糊剝落了，可見保存真的很不容易，歲月之痕下的古寺也就特別有韻味了，無須強求它要恆久如新。

還好我愛的茶花總是不會忘記時序，年年都在春天報到開展，為了茶花這一因素，法華寺就值得一訪再訪。

法華寺全天開放，但下午五點後關山門，建議白天造訪，可搭觀光公車 88 於法華寺站下車，沿法華街走，約 10 分鐘可到。
地址／臺南市中西區法華街 100 號
電話／(06) 214-7700
開放時間／06:00 ～ 17:00
門票／免費

MEMO

開元寺／臺南市北區北園街 89 號，可搭市區公車 5 於開元站下車。
竹溪寺／臺南市南區體育路 87 號，可搭市區公車 5 或環狀線於竹溪寺站下車。
彌陀寺／臺南市東區東門路一段 133 號，可搭紅幹線公車於東門教會站下車。

「藝」遊臺南 13 條賞花路線

法華寺的茶花
2016．2．16．

法華寺的紅茶花

美好花景

紫色苦楝戀

苦楝又稱苦苓，雖然名字不討喜，美麗的小紫花卻很迷人。

舊農改場的老苦楝

　　這是我發現苦楝花的過程：話說是個接連好幾天都落雨，到了終於放晴的日子，春日暖陽和煦的拂照，微風陣陣吹過，騎起車來特別舒服。來到文化中心附近的崇明路，前方居然出現一隻彩蝶，於是就跟著蝴蝶騎了一段，突然聞到空氣裡有股淡淡的幽香，巡了一下四周，來到充滿沁涼感的巷弄裡，仔細一看，原來這裡是崇明路266巷。仰頭一看，淡紫色的豐翁樹花滿盈在樹枝上，幾乎看不到什麼葉子，真的好美。

　　這大樹之花的美，因色彩的關係顯得低調又內蘊，不是立刻強烈吸引你注意的，但卻優雅耐看。當風一吹來，小紫花像無聲細雨般在風裡紛飛飄盪，有一種神奇的視覺吸

引力；許多花瓣落在前幾天下雨所形成的小水窪上，又是另一種詩意的美感，這泥土巷弄就因為花瓣的鋪展，有了醉人的魔力。

我在小巷裡眷戀輕走，撿拾地面上剛掉落的新鮮花瓣，讚嘆這清雅的好看色澤和花形。拾了多朵放進口袋，決定回家上網查此樹名，相互對照後，才確認這就是苦楝樹。苦楝又稱苦苓、金鈴子，其果實川楝子可入藥，屬落葉喬木，高可達 20 公尺。2～3 回羽狀複葉互生，卵形或橢圓狀小葉，多數邊緣有缺齒或粗鋸齒。春夏之交開淡紫色花，圓錐狀聚傘花序，花絲合成細管，花芳香。十月果熟，核果呈球形，熟時為橙黃色，經冬不落。

知道這充滿浪漫風情的樹叫苦楝之後，穿梭在城市的街道間，就會特別尋找其蹤影。我發現其實它們的數量還頗多，是行道樹常見的樹種，就連住家附近也有許多苦楝，只是身形都不高、模樣細瘦，應該都是種植不久的年輕小樹。

而我最愛的莫過於位在林森路畔舊農改場後方、靠近崇善路這邊的這棵苦楝老樹，據說它的樹齡已高達八十多歲了，粗壯挺直的樹幹巍峨有勁。那低緩不張揚的淺紫色彩，和農改場已無人使用的舊建築形成超搭調的美感，彷彿城市裡一處被遺忘的角落，獨具它特有的清寧。尤其和風吹拂，小碎花隨風輕舞，仿若風吹雪的迷人舞碼，還有淡淡花香瀰漫，真的無比愉悅啊！不過現在周邊已有圍籬圈住，一般人無法隨意進入，只能遠觀了。

一棵苦楝樹就如此攝人心魂，如果是成排的苦楝一起搖曳，又會是多麼震撼。記得有一次要到七股，行經台 17 線，在安南區安通路尾和台 17 線交會處，看到沿著河堤岸，成排都是綻開著紫花的苦楝樹。那天午後風大，這些樹齡年輕的苦楝都還不是很碩大，就整個枝幹都一起搖曳起來，那花傘般的小花穗在風中飄盪著，超級曼妙。樹影也倒映在河面上，與波光一起輝映出迷離的微紫色調，難以形容的絕美。雖然車行匆匆，這短暫的畫面卻成為心間的永恆眷戀。

在臺南市區裡，還有好幾處苦楝花的必賞景點，像是衛民街知事官邸前的老苦楝樹，和體育路靠近體育場邊的幾株苦楝，都是又高大又豐盈，開起花來十分壯觀，我每年幾乎都會來探其花蹤。不過苦楝花的花期跟櫻花一樣、都很短暫，盛放期大約只有一、兩個星期而已，要感受初春的紫花浪漫，可得把握、抓準時間，才能享有這美麗的低調優雅盛宴呢！

MEMO

苦楝花約三月底、四月初開花，花期短暫僅約兩週，在臺南的許多街邊都可見到。

舊農改場 / 可搭市區公車環狀線在大東夜市站下車，沿林森路往北走一小段，在消防局旁邊就可看見。

知事官邸 / 可從火車站往北門路一段步行十分鐘，穿越衛民地下道即可看見。

知事官邸前雨後盛開的苦楝，浪漫又詩意

小巧細密的紫花真的很優雅柔美

木棉道散策

　　三月底、四月初是木棉花盛放的季節，從市區到郊野、甚至高速公路，到處都可看到它們橘亮亮的身影，美極了！

橘色的花和綠色秧田相互映襯真的很美

　　蔚藍的天、嫩綠的稻田秧苗、火紅的木棉成排盛放，乾淨純粹的色彩在臺南白河的郊野上映著春天特有的美麗景致。這是林初埤的木棉花道，美麗的影像在網路大海裡轉寄廣發，醞釀起我必須前行親訪的引線。

　　原來白河不只有為人所知的蓮花盛景，這木棉花道的絕美更是令人醉心。親臨才知平面的網路影像無法展現臨場的氛圍；親臨才能感受田野大地在此季節的豐潤美感。到訪的這天雖沒有蔚藍天際，陰雲的天候倒也特別舒爽。遠遠的就見到火紅的橘暖色調，一大片的映襯在綠田與黑漆色的枝椏上方，那色彩展現著數大之美的勾魂力道，從眼瞳印入心間。

美好花景

木棉又名攀枝花、紅棉樹、英雄樹、斑枝或瓊枝，是一種在熱帶與亞熱帶地區生長的落葉喬木。枝輪生、葉互生，樹幹雖然粗大，但木質太軟，用途不大。每年三～四月分先開花、後長葉，花冠五瓣，倒卵形狀，兩面都有星狀毛，橙黃或橙紅色，通常在早春長出，花萼為黑褐色、革質。木棉花亦可入藥，把掉下來的新鮮木棉花曬乾，為涼茶「五花茶」的主要材料之一。花後結橢圓形碩果，約莫在五月時果實會裂開，裡面的卵圓形種子，連同由果皮內壁細胞延伸而成的白色棉絮會隨風四散。木棉種子含 20 ～ 25% 的油份，可榨油製成肥皂及機械油，榨油後的棉餅則可作為肥料或家畜飼料。

Sally. Kuo.

　　這幾年白河的鄉間道路廣種木棉，每到花開時節，一路灑洩的橘紅，形成數大便是美的視覺盛宴，尤其和田裡剛插的春秧青綠色調對比，背後又有大片藍天畫布當襯景，整體就是一幅如畫的風景，怪不得可名列「全球十大夢幻林蔭花道」。

　　不只遠觀好看，散步其間更是舒服，鄉間的空氣清新，漫步時都可聞嗅到田野土地的芳味，尤其走到遊客少一點的林初埤水塘區畔，曬著午後的暖陽，靜坐欣賞水塘的燦光水色，就覺得的快意極了。我發現更小的泥土道邊也都種了木棉，體形沒有主要道路區的那麼壯碩，看起來應是新種不久，但也因高度較矮，視線與花的距離較近，更能看到花的細部之美，許多雀鳥紛飛其間，更添熱鬧之氣。

記憶中美好的林初埤木棉花開，今年我又和家人來訪一趟，因為附近又種了更多木棉，整個木棉花道更擴廣、更壯觀，連入口區域也分成好幾個，我們本想找個靠近主花道的區域停車，但完全沒有車位，只能停在很遠的區段，然後慢慢走進來。當時花況大約只開了五成，有一種人比花多的錯覺，還好走到比較偏遠的小徑，終於感受到賞花的悠哉美好。只能說白河木棉的盛名實在傳得太廣太遠，大家都想趁著天氣逐漸回溫的春暖時節，好好來領略木棉花帶來的喜悅感。

　　林初埤的木棉花盛宴真的很精彩，如果能在非假日時前來是最好，散步、騎單車都是美妙的好選擇啊！

林初埤附近有許多步道，散步或騎單車都很適宜

INFO

木棉花季約於三月底、四月初，最盛開的極致期約為兩週，可詢洽白河區公所。

網址 / http://www.baihe.gov.tw/

電話 / (06) 685-5102

暢遊路線

前往白河林初埤木棉花道，可走國道3號於白河交流道下；或走國道1號於新營交流道下，接172市道，轉台1線、南90線進入。（花期假日有交管指引）

春日的粉紅浪漫

臺南的春天到處百花盛開，屬於粉紅色系的洋紅風鈴木、羊蹄甲和南洋櫻，柔柔粉粉的粉嫩色彩把城市都染上了浪漫的氣息。

臺南公園裡的羊蹄甲林

樹林街的洋紅風鈴木

陽光燦燦的好天氣，途經樹林街與永福路口附近，遠遠地一大片粉紅襯在白牆與蔚藍天際間，馬上讓心花跟著燦爛起來。趨前一看，原來是一株盛開的粉紅色洋紅風鈴木，在風裡搖曳著輕細的枝椏，美極了。

洋紅風鈴木的原產地在巴西，屬紫薇科的落葉喬木，這幾年府城大量栽種，是常見的行道樹。大家最熟悉的是金黃色的黃花風鈴木，不過如果仔細觀察，粉紅色、紫紅色的風鈴木也慢慢多了起來，而且這色澤很像櫻花，花開時又豐翕繁燦，每每成為人們注目的焦點。

尤其風一吹來,嫩薄的花朵旋飛飄落,那輕舞的樣子真迷人,連落在地上鋪展的散亂模樣也很好看,繁細的枝椏影子映在老磚牆上也很有味道。怪不得有許多路人都和我一樣,停下車不停地按快門拍照,不斷變換各種角度尋看這棵美麗的樹。整個人、整顆心都被這花所攫獲,也就養成習慣,每年春天時一定要來探望這棵盛放的洋紅風鈴木了。

臺南公園裡的羊蹄甲林

幾年前開始,臺南市政府在春天時都會舉辦府城賞花季,主場地點有一區就在歷史悠久的臺南公園裡(離火車站很近,可步行抵達)。除了原有的植物,在賞花季的活動中,還有許多的造景花海,走在其間,真的是心花朵朵開,處處都有驚豔的風景。

然而在所有令人驚喜的公園風景中,最讓我流連徘徊的還是公園路兵工廠對面的這一片羊蹄甲林。其實這個時節,在府城許多角落、公園都不難發現這花的芳蹤,都是視覺裡美麗的焦點,但要像臺南公園這一大片粉紅盛景,每次花開幾乎都看不到什麼綠葉,就非常難得了。

到訪的時分剛好是陽光明媚的正午過後,蔚藍的天空把花朵的粉嫩色彩襯托的分外鮮豔,陽光把花瓣的明度照耀得璀璨閃爍,一種數大之美的視覺饗宴,讓人要在林子裡穿行再穿行,不忍離去,如果能在樹下野餐、喝茶,將是何等的幸福時光啊!

將軍埤的南洋櫻

白河是個有許多小水塘的小鎮,因為水的情調也讓這裡更顯秀麗,除了以木棉花聞名的林初埤外,還有一處人煙更少的幽靜角落叫將軍埤,俗稱小南海,這裡的水域比林初埤還大,有點小水庫的味道。

要通往小南海的小路兩側都種植了南洋櫻,我們到訪時剛好是繁花盛開的當令時節,粉嫩色調的花朵排序在枝條的雙側,和風吹來枝條輕輕搖曳,如穗般的花朵也輕漾起來,令人看得如癡如醉。

郊野這成排的櫻,在蜿蜒的路徑上鋪排出粉嫩色的弧形。曠野的大片色調裡只有綠色、地面的泥褐色和天空藍,粉紅的花顏分外吸睛,尤其有春風冉冉拂動的韻律,更顯芳秀之氣。

將軍埤的南洋櫻風景,那般低調不張揚的內斂之美,成為此季我最珍愛的典藏。

樹林街和永福路口附近盛放的洋紅風鈴木

MEMO

洋紅風鈴木、羊蹄甲
和南洋櫻都在春天盛
開，其中洋紅風鈴木
的花期最短，盛放期
大約只有兩週。

賞遊路線

樹林街與永福路交叉口的洋紅風鈴木／搭市區公車2在
新光三越新天地站下車，往樹林街走即可抵達。
臺南公園的羊蹄甲林／可搭市區公車環狀線、9、18和觀
光公車88、99，在臺南公園站下車，或者由火車站步行
到公園也不遠。
白河將軍埤櫻花道／開車走南88市道往小南海方向，沿
路即見。

細看羊蹄甲真的很迷人浪漫

穿越時空的琴音

太平境基督教會潔白的外牆、高聳的塔身，讓人很難不注意到它的存在，教堂裡百年管風琴的悠揚樂音，更是讓春日洋紅風鈴木的繽紛花景多了一分靈動之美。

洋紅風鈴木盛開時的教會景觀

春末夏初，當粉紅色的洋紅風鈴木盛開之際，我總會提醒自己，又到了太平境基督教會最美的時節，該是去探訪的時候了。

位於舊稱民生綠園的湯德章紀念公園圓環北側、舊臺南測候所對面的這一棟潔白、高塔狀、形式對稱優雅的教堂，對府城人來說是相當熟悉的一處建築，不僅因位在交通繁華的要道，更因建築型式的別緻與特殊，加上整體清雅的白色調外牆，行經時很難不被這建築物所吸引。白色簡潔、對稱高聳向上的柱形塔身，椰樹綠蔭的陪襯……，組構成暈染心田、清新舒愉的畫面，一種滌洗的力量在停駐觀看的眼瞳間擴散。

每到聖誕時節，教堂外會有美麗的燈飾點綴，是寒涼冬夜裡最暖心的畫面，也是夜景最美的時節。如果以白日時光來看，就以春末洋紅風鈴木盛開時，搭上晴朗天際下的教堂景致最為漂亮。

這幾株粉紅色的洋紅風鈴木矗立在教堂的對街，每到春天花季時節，粉紅的花朵飛上枝頭綻放，把原有的綠意染上繽紛燦放的亮暖色彩。好幾次為了賞花前來，為了欣賞和風吹拂下旋落的花瓣身影，駐足許久，無意中發現從這邊欣賞對街的太平境教會，特別有種景深穿透的美感。在垂落的勁節枝椏與粉色花朵、青嫩葉色構成的前景框布下，白色教堂特別顯得突出耀眼，尤其在蔚藍天空的扶襯下，更是非常好看的構圖。

不知是否氣候的關係，今年的洋紅風鈴木花期來的特別晚，都已接近夏天了，才緩慢地集結綻放。也因如此，接近夏天的蔚藍天空更澄透洗藍，在這樣的條件下，發現教堂景致更為好看，飽和的色彩讓我有畫下眼前景致的衝動，也第一次踏進太平境教會裡，做了一趟歷史巡禮。

平日不特別開放，週日上午有教會活動，可聽到管風琴演奏。

網址 | http://www.tpkch.org.tw/

地址 | 臺南市中西區公園路6號

電話 | (06) 228-2184

《賞遊路線》

可搭市區公車1、2、10於民生綠園站下車，步行即可抵達。

聖誕時節美麗典雅的燈飾

太平境教會可溯及西元 1865 年，是由英國長老教會差派首任宣教士馬雅各醫師遠渡重洋來臺宣教的第一間教會。馬醫生初期在府城西門外的看西街租屋，開始其傳道及醫療的工作，後來被迫遷到高雄的旗後地區，直到 1869 年才又回到府城，在二老口及亭仔腳租屋開設教堂。1901 年吳道源執事奉獻了太平境教會的現址，隔年由英國母會贈碑命名為「馬雅各紀念教會」。原本為歌德式建築，到了 1954 年才改建成目前樣式的禮拜堂。

走上教會的二樓，這裡有一座非常值得書記介紹的百年管風琴，這座琴是由美國波士頓的 Hook and Hastings 造琴廠所製。該廠雖於 1936 年停業了，但它在 1865～1905 年間所造的琴，目前至少還有一、二十座仍在使用。1880 年（有一說是 1876 年）該廠造了當時全美最大、最高的管風琴，高度約 4 公尺，此琴的命運宛如吉普賽人般四處流浪，後來輾轉落腳在東海大學體育館，但因潮溼與地板震動的問題就被塵封於儲藏室。直到 1977 年，太平境教會幾度出資維修，隔年才完成修整並運送至這裡安裝，是臺灣的第一座教會管風琴。

我想以後有機會一定要來這裡過平安夜，聽聽百年管風琴的美妙之音啊！

百年管風琴到現在還持續飄著好聽的樂音

美好花景

花田裡的迷藏奇趣

　　蜀葵別名一丈紅，或梅雨葵、端午錦，原產地是中國。這幾年學甲地區廣種，成為此地的特色花種，走入蜀葵花田，彷如置身南法田野。

色彩繽紛的蜀葵真的是一種讓人歡喜的花

　　正午，天空蔚藍，璀璨豔陽把顏色多彩的蜀葵田照出明燦亮麗的色澤，遠遠地就吸引著我們的目光。終於來到學甲的蜀葵花海，在水堤坡道陰涼樹下觀看時，我有一種身在歐洲的錯覺，其實這美麗的花海就在我們居住的這片土地啊！

仔細回想，住家附近的小巷也有人種植幾株蜀葵，高高的身形、豔麗的色澤和不短的花期，很難不讓人注意到它們的風采。但像學甲這處休耕期的田地，特意栽培出這麼大片占地巨廣、色彩如此繁多豐富的蜀葵花田就沒見過了。

　　在電視新聞裡看到學甲蜀葵花海的訊息，馬上就上網查好路線資料，但隔天來到陌生的學甲時還是迷路了。還好學甲派出所裡熱心的警察先生仔細的告知，我們才尋到了這片藏在線道小路裡的美麗花海。本以為只有住在臺南近郊，如我們這樣的愛花人士會前來賞花，沒想到一聊之下，才知好多人是從中部特別下來看花的，蜀葵花海少見又獨特的魅力真的是很難擋啊！

　　能欣賞到這樣的美麗景致，首先要感謝農地主人無私的付出，這片精心栽種的蜀葵，有紅、紫、白、黃、膚色、粉紅、粉紫、粉橘、酒紅、橘紅……，隨意數算就超過十種以上的色彩，這麼繁多的花色跳躍在綠梗葉間，襯在洗亮的藍天背景下，讓人走進其間，心情也跟著歡愉跳躍起來。旁邊還有幾排黃澄澄、燦亮的向日葵相襯，更有飛舞的彩蝶、蜜蜂、金龜子倘伴其中，每一個轉角都隱藏著令人駐足的吸引力。

　　穿入蜀葵田裡，因為花株實在太高大了，有一種捉迷藏的奇趣，有時聽到夥伴的聲音，但走了好多條花道尋找，就是看不到人的蹤影。小朋友玩得最高興了，而大人的我們就是不停拍照，拍花、拍人，因為繽紛多彩的花色，每一種都想記錄啊！

　　這幾年學甲區公所大力推廣，鼓勵農民利用休耕期的田野來種植蜀葵，所以蜀葵田的區域更擴大了，甚至連續好幾年都辦了學甲蜀葵節，不只吸引大家來此賞花，也順遊學甲一些特色觀光景點，如慈濟宮、頑皮世界等，無形帶動了經濟發展。尤其有不少愛好攝影的人士及畫家，來此拍攝或畫下蜀葵田的景色，也讓更多人看到學甲的風情，成了春末夏初時節，學甲的一大季節性盛事。

一大片蜀葵花海有種捉迷藏的奇趣

美好花景

Sally. Kuo

「藝」遊 臺南 13條賞花路線

有些遊客還順手帶了些種子回去，種在花台上。不難種的蜀葵，個子真是高䠧，很快就成了花台上的突出品項，不過少枝莖細的花台蜀葵，花開的再怎麼多，還是沒有數大之美的壯豔。要體會蜀葵極致的多色繽紛和連綿如林般的叢林之樂，還是要尋對季節時機，來一場學甲蜀葵探訪之旅，保證會讓你深刻難忘，彷彿走入南法花田的美好，是殊勝的體會啊！

遠觀有如南法田野的風情

INFO

學甲區位在佳里區與將軍區的北邊；鹽水區的西南邊。每年三月底、四月初為蜀葵花開的季節，花期約可長達一個月，盛放期每年因氣候稍有不同，可詢洽學甲區公所，以獲得最佳的賞花情報。

網址 / http://www.tainan.gov.tw/Syuejia/

電話 / (06) 783-2100

賞遊路線

可於佳里站或新營站搭棕幹線公車，於德安景站下車。開車者可從台19線或台17線轉174市道；或由國道1號接快速公路84號，於學甲交流道下，往174市道方向，蜀葵田散落在174、171市道旁。

盛夏的火紅鳳凰

　　鳳凰花是臺南最具代表性的花，雖然已不是市花，但一樣有難以忽視的地位。

孔廟的紅牆與鳳凰花的紅相互輝映，是府城鳳凰花最經典的代表地點

　　日光炙暖、萬里無雲的好天氣，天空特別洗亮蔚藍，行經孔廟前，匆行的車速馬上被眼前美麗的紅給攫住。「怎麼這麼美，鳳凰花好像又再度盛開起來，跟這紅牆真搭啊！」

　　大量的紅將平日熟悉的地景染出不一樣的絕美，成為季節裡的盛宴。從五月中就開始為城市容顏灑上豔紅的鳳凰花，其實並不是臺灣本有的植物，它們的原生地在非洲的馬達加斯加，於西元 1897 年引入，因性喜高溫、日照充足的氣候，很適合在南臺灣生長。

　　早期臺南的許多街路都種植鳳凰木，像之前火車站前方的中山路兩側就都是這花，人們一到臺南，視覺就被街邊的花影給震撼住；南門路、安平區也多是，許多校園裡也大量種植鳳凰木，臺南市樹就是鳳凰木。不過因為鳳凰木的根部會竄根，使柏油路面變得凹凸，還有道路拓寬的關係，鳳凰木已大量減少了。

記得以前國中化學老師說過，他們兒時的夏季，可在乾淨的運河上划船，兩岸都是火紅盛放的鳳凰花，尤其夕陽時分非常綺麗。可以想見早期的臺南鳳凰花是如何繁多，是生活裡美感經驗深印之花，所以老師多年後想起，還是一派悠然神往，十分懷念。不過現在行道樹的種類變得多元，黃花風鈴木、木棉、大花紫薇……，種類繁多，鳳凰木不再是一枝獨秀的主角。臺南縣、市合併後，市花也改成蝴蝶蘭，而不是鳳凰花了。

　　雖然褪下市花的光環，但它的美麗依舊在城市的許多角落，綻放著年年都會展開的火紅。我喜歡林森路段鳳凰花與阿勃勒紅黃爭豔的鮮麗，也喜歡安平水岸成排火紅樹影倒映在水面上的優柔秀麗，還有安平古堡裡紅花與尖塔構成的代表性地標之美，以及小東路上成大醫院附近成排鳳凰花開時的數大之美，尤其這裡的枝葉垂得很低，許多花朵就和視平線一樣高度，對觀察花型、近拍來說是很好的角度。

美好花景

Sally.K

　　只要一手把葉梢往下拉，橘紅的大花近在眼前，可觀察到花萼的內側也是紅色，花萼和花瓣皆為 5 片，聚生成簇。5 片花瓣中有 4 片一樣大，第 5 瓣則稍大、有黃色和白色的斑點。花蕊在其間挺立，充滿立體的韻律美感，總狀花序呈繖房狀排列。葉片是二回羽狀複葉，約 15 ～ 30 對羽片對生，每羽片有小葉 20 ～ 40 對，羽狀小葉讓整體葉子有輕盈之感，當清風襲來，羽葉在風裡搖曳盪漾，特別好看。

　　在府城的街頭遇見鳳凰木已屬常事，而且它的花期特別長，從四月底就可陸續看到它的花影，現在常遇暖冬，有時都十二月了還可見到它們微微綻放在葉間樹梢。不過還是以盛夏的花容最為豔麗，夏日來臺南賞花，許多街邊都很容易看到這花，隨意就能用眼感染滿滿熱情火紅，心情也跟著奔放熱情開來，鳳凰花就是臺南最具代表性的花啊！

盛夏的運河畔，鳳凰花成為安平水岸絕美的風景（林宜慧攝影）

 MEMO

夏日的臺南街頭，經常都可看到鳳凰花的身影，尤其以五月底至六月初時最為盛豔。

 賞遊路線

林森路／成大附近，可搭市區公車2，於無障礙福利之家或成大醫院站下車，沿林森路二段或小東路兩側都有很多鳳凰花。

五期運河畔／位在慶平路上，可搭市區公車2於半路厝站下車，過橋到運河對岸，沿路即是。

孔廟周邊／在南門路上，可搭觀光公車88於扎廟站下車。

美好花景

阿勃勒的燦金季節

Sally.k

阿勃勒花瓣隨風輕飄的清曳之美

　　夏天的臺南，到處都可看到阿勃勒的金黃色花縱，就像一串串掛在樹上的黃葡萄一樣，美極了！

　　六月，酷熱突然降臨，日光烈焰、天空特別蔚藍，採買材料的忽行間，發現路邊的行道樹串串黃花開的正盛，燦亮亮的金黃色彩在豔陽下更顯亮麗，讓人愉悅滿滿，我特別停下車子、繞到對街拍照。然後才跨過高架橋，就看到巴克禮紀念公園深淺綠色調間閃著大片的金黃，「啊～這裡的阿勃勒開得更盛烈啊！實在太美了。」決定不只停車拍照，還將速寫本都拿出來了，這樣的季節美景怎能錯過呢？用畫筆記錄更能深刻的細品觀察啊！

我發覺巴克禮公園的這幾棵阿勃勒年歲應該特別老邁，不只主幹高大、樹皮充滿斑駁的紋理張力，所結的花穗也特別豐美壯盛，整體就是充滿適合入畫的好佳構，和一般初長的年輕阿勃勒行道樹比起來，更有一種蒼勁的豪邁力道。

我選了一處有濃蔭遮蔽的公園長椅坐下，好好觀察速寫起來，此刻涼風陣陣襲來，阿勃勒的花穗隨風擺盪，更多輕細的花瓣就隨風飄飛輕落，彷若黃金花瓣雨般，充滿浪漫之氣。也讓我想起有一年到白河，那時正是阿勃勒的花季，在許多路徑不大的農村道邊，一整排的燦金阿勃勒夾道，真的好壯觀。

尤其漫步到半途細雨輕飄下來，雨中的阿勃勒烈豔的氣燄飛散，換成柔麗的浪漫詩意氣息，讓人更加喜愛。後來學攝影的當地朋友還拍了不少夕光下的阿勃勒場景，背光柔和的溫暖色調下，小女孩走在鄉道的身影和阿勃勒的樹影，形成了絕美的構圖，一直深印在我腦海，也讓我見識到阿勃勒在不同光線、天候下所展現的風情。

MEMO

阿勃勒約於五、六月開始開花，初夏是它們的盛開期，以林森路靠近成大的區域最為盛大。和鳳凰花的花期相當，阿勃勒的黃和鳳凰花的紅相互輝映，吸引許多攝影愛好者的目光，安平五期重劃區也有很多它們的身影。

滿地飄落的金黃色花瓣美不勝收

公園裡盛開的阿勃勒

　　這季節經常可見的阿勃勒，在這片土地上開展的極佳，是熟悉不已的街邊或公園景致，但其實阿勃勒並非此地的原生種，它可是飄洋過海來的外來品種呢！阿勃勒也稱長果子樹、牛角樹、豬腸豆等，是一種蘇木亞科的植物，原產於南亞的南部，從巴基斯坦南部往東，直到印度、緬甸和斯里蘭卡區域，因它生長迅速、花色形狀美觀，就常做為景觀樹或行道樹。阿勃勒為喜溫樹種，以砂質壤土最佳，排水及日照須良好，所以臺灣中南部的天候非常適宜它們生長，常常能見到它們的身影，在府城也到處可見。

　　初夏時光，金色的花朵綻開，如一串串掛在樹上的黃葡萄一樣。尤其風一吹來，花絮隨風搖曳，花瓣片片隨風飄飛雨落，就像黃金雨般美不勝收，真的超愛阿勃勒啊！

賞遊路線

巴克禮紀念公園／位在中華東路上，可搭市區公車15於巴克禮公園站下車。

林森路二段與小東路交叉口／成功大學附近，可搭市區公車2，於無障礙福利之家站下車，沿林森路往南走，附近公園也有很多阿勃勒。

安平地區／此區的阿勃勒較散落，建議可騎車或開車隨行漫遊，都可看到花樹的蹤影。

豔麗、充滿膠質感的亮滑珠光，火鶴耐看又耐放，如心花形更是討喜。

各色火鶴多變夢幻

火鶴是一種看起來非常「假」的花，但也就是這種塑膠般質感的滑亮表相，讓它比其他柔嫩的花朵更持久，即使作為切花也很耐放，成了插花時的重要花材。尤其它心形般的外貌討喜又豔麗，不管是擺設或送禮都受歡迎，很快地就成了富有高經濟價值的花卉。

記得有一次要到臺南藝術大學，下車買飲料時，發現原來攤子後方就是很大的火鶴苗圃，許多大大小小的各色火鶴盆栽整齊地排列，十分壯觀。那也是我第一次看到火鶴花田，上頭罩著遮陽黑網的花田，洋溢著一股沁涼味。

火鶴屬天南星科的熱帶花卉，所以在日本這樣高緯度的地方並無法生長，但因市場需求大，考量運送距離的關係，日本的火鶴就多以臺灣進口為主，是賺進不少外匯的高經濟作物。

早期大家常見的火鶴品種以豔紅色的粉佳人為主，現今的品種則日趨繁多，不只有深淺粉紅、白色、翠綠，還有雙色暈染的夢幻多變色彩，甚至還有紫色和偏向暗紅的黑色，品種名稱也相當有趣——粉紅豹、邱比特、橘色風暴、黑美人……，不得不佩服日新月異、創新精進的農業科技。

不只切花受歡迎，火鶴盆栽也是適宜裝飾布置的花卉。記得以前到歸仁的七甲花卉園區參訪，理事長不只為我們導覽環境，還配以饒富趣味的活動，讓我們記憶一些花卉的知識，也精心設計問答題目，答對問題者可自選一盆喜愛的小盆栽帶回家。那時我就選了一盆挺著兩片紅色心瓣的火鶴帶回家，我將它擺放在有日光透進的浴室洗手台邊，每次進到小小的浴室，看到這亮眼的火鶴花，心情就為之一振。

喜歡火鶴，於是特別查了資料，才知火鶴原生於哥倫比亞、還有美洲的熱帶區域，在哥斯大黎加、瓜地馬拉也都有廣泛的分布。屬名是由 anthos（花）及 oura（尾巴）所組成，這裡的「尾巴」所指的是肉穗花序的部分，外被葉狀的苞片稱為佛焰苞。火鶴鮮豔奪目，佛焰苞像一隻伸展的紅色手掌，掌心豎起一條彎彎的圓柱狀金黃色肉穗花序，也因它的花序外形貌似蠟燭，別名花燭、紅掌或安世蓮。在歐美人們把它看作熱烈、豪放、歡樂的象徵，在國際市場已成為最暢銷的花種之一，代表的花語是燃燒的心、熱情、關懷和衷心的祝福，因此在情人節、畢業季等重要的節日時，特別受到臺灣人的喜愛。

尤其五、六月是火鶴的開花盛產期，臺南這幾年在母親節就推廣了名為火鶴傳情的活動，希望能用這花取代每年到了母親節花價都狂飆的康乃馨，也是支持咱們花農的具體行動。火鶴心形般的花苞，用來傳遞祝福的心意真的很適合啊！

前些時候經過市場，剛好遇到來擺攤販售盆栽的小卡車，我馬上被眼前一盆小小粉紅色火鶴所吸引，更驚訝它只要五十元的便宜價格，一樣把它買回家放在有日光的明亮浴室裡，讓每次走進時都有歡喜心情。

也想著應該再找時間到六甲去一趟，想去看看現在品種更多的火鶴花田會是如何的樣貌，再去聽聽花農闡述種植的心情點滴。如果能坐在花田邊喝個茶、畫個圖，那更是快意好時光啊！

「藝」遊臺南 13條賞花路線

賞遊路線

六甲火鶴專作區／由國道1號麻豆交流道下，轉174市道往臺南藝術大學的方向，附近周邊有不少種植火鶴的苗圃。

INFO

七甲花卉園區

地址／臺南市歸仁區七甲里 1-12 號

電話／（06）239-8029

由國道 1 號仁德交流道下，接 182 市道至歸仁，轉 177 市道往北，行約 1.2 公里即見。

或由國道 3 號關廟交流道下，往歸仁方向，西接 182 市道，至忠孝北路右轉，約 1 公里。

火鶴心形的外形十分討喜

花中君子

　　清風吹來，高高低低的蓮花、蓮葉一起微微搖曳起來，遠山黛綠環抱谷地蓮池，真是美啊！

清晨時分的蓮花田是最美的（林宜慧提供）

「藝」遊臺南 13條賞花路線

　　六月，夏天的腳步近了，日光悄悄加了溫度，就會想起賞荷的季節來到了。一説起賞荷，雖然許多公園、池塘也都有荷花，但要豐美且盛大還是非白河莫屬。一説起白河，人們的腦中好像自然會湧上荷花兩字，夏天來白河是最美的季節。

蓮屬蓮科，是多年生草本出水植物，又稱蓮花、荷花。原產於中國，因根莖種植於池塘或河流底部的淤泥上，而蓮葉挺出水面並綻放動人的花朵，所以常形容蓮花是出淤泥而不染，濯清漣而不妖，受到人們的喜愛。白河地區因處處可見天然水塘，很適合蓮花的種植，所以近幾年來成了種蓮花、產蓮子的主要區域，每年花開時節都有蓮花季的活動，更是帶動了此地的觀光。

姊姊的大學好友就住白河，由於她的邀約，前幾年的蓮花季我們幾乎年年來報到，不過遇到假日人真的好多啊！有時連想要與花拍個合照，都要等好半天才能錯開人群。後來我們就選非假日前來，且盡可能找晨昏時分前來，早晨花開是最美的，午後蓮花紛紛闔上，我們就往睡蓮田行去。夕照下的睡蓮池子被夕色染得淺橘幽柔，和風從池畔襲來、陣陣清涼，我們倚坐閒聊、喝著蓮花茶，真的好快意。

除了清雅的蓮花茶，蓮子餐也是此季節的產地特色，如果同行的人比較多時，我們就會找家餐廳享用，體會一下蓮子入菜的特色。也會買一些荷蓮產品回家，像是蓮藕、蓮子、蓮藕粉、蓮藕茶……之類，還有一次買了完整的蓮蓬回去，體驗剝蓮子的樂趣，才知道剝蓮子真的是辛苦又費工啊！能吃到潔白完好的蓮子真幸福。

不過蓮花在白河地區已是代表性的植物，區公所也極力營造更舒適的賞蓮空間，如朋友帶我們去的蓮花公園就非常棒，超大的水池、蓮花繁多，四周綠意盎然，又有木棧道可走進蓮潭區，貼近地欣賞蓮花之美。走走看看，休憩片刻，看和風把蓮花吹拂出搖曳的身影，點點紅蓮在綠意盈滿的高低蓮葉間，真的美極了。

趁著賞蓮的機會，周邊的景點我們也通通順遊造訪，像白河陶坊、白河水庫、鏡面水庫、關子嶺……，都是附近值得一遊的好所在。而且白河也規劃了不少自行車道，統稱白河蓮鄉自行車道，分為多條不同路線且互有連結，總長約 32 公里。其中竹門國小前設置有自行車道路線圖，可以規劃以此處為起點。

錯開假日人潮眾多的蓮花季，你會愛上白河的寧靜優雅，鄉野綠疇的美好盡顯於此。

 MEMO

譚達利餐廳
地址 / 臺南市白河區永安里忠孝街 26 號
電話 / (06) 683-2387
營業時間 / 11:00 ~ 20:00

醉月軒
地址 / 臺南市白河區草店里草店 10-75 號
電話 / (06) 681-7156
營業時間 / 11:00 ~ 14:00；17:00 ~ 20:00

剝挖蓮子

Sally.Kuo.

蓮花季時常在路邊看到剝蓮子的婦人

INFO

每年六到八月為蓮花盛開的季節，白河區公所也都會特別舉辦蓮花季活動，因每年時間不同，請留意白河區公所的公告。

網址 / http://www.baihe.gov.tw/

電話 / (06) 685-5102

賞遊路線

賞蓮大道 / 從後壁火車站轉乘公車黃10，於白河商工站下車。但賞蓮區範圍大，建議可租自行車。

蓮花公園 / 由國道1號新營交流道下，接172市道，左轉富民路，左轉南89市道可達。

或由國道3號白河交流道下，接172市道，右轉富民路，左轉南89市道可達。

Sally.Kuo

蓮花清雅的模樣讓它有花中君子的美名

飄移的向日葵

亮燦燦的向日葵，總給人希望、歡喜的感受，是充滿正面能量的花朵。

住家附近的向日葵迎風招展，就是吸引我的目光

在臺灣，向日葵不是經濟作物，不是固定的田野景色，它們多半只是農田休耕時期作為綠肥的短暫作物，常常出現它們芳蹤的季節是冬天稻子收成後，到隔年春天的新綠時節，盛夏後就很難看到它們的蹤影了。

這幾年臺南許多鄉鎮的農會也會發放補助金，鼓勵休耕的田園種植向日葵，以利鄉鎮的休閒觀光，著實增添了不少季節性的美麗風情，所以我稱它們為不可預期的飄移花田，有幸遇到花蹤會倍感幸運，一定要停下來拍照。

不過要說起最令我印象深刻的向日葵田之憶，還是那個春雨狂烈的午後——朋友載著我們從白河往西邊的鄉野兜風，鄉道的兩側都是綠油油的秧苗，美到至極，除了稻田、菜田和路樹外，還會有紅瓦厝老屋遠遠地散落或群聚。突然間發現有一小片向日葵田，就和斜屋頂的老厝群依偎相連，那冉黃的色調和老厝的磚紅真是絕美搭配，只可惜距離有點遙遠。

　　沒想到接連又有好幾處向日葵田遠遠地出現，像隨性散落的小拼布般，在這片以綠色調為主的春日田疇上染畫金黃璀璨。正當我暗自祈禱著，希望不遠的路徑後還可見到花田，突然劈啪的一聲，整個天際被驟雨的密集線條填滿，天空濃厚的雲通通化成雨水，把大地染成溼意一片，還伴隨著不小的強風，真是詭譎多變的天候。

　　不多久雨變小了，甚至從天空的灰厚雲隙間還露出了一方青藍色的天空，微微可見日光，但風還是很大。盯著車窗外溼潤一片的田野，依稀又看到有冉亮的黃在前方明耀著。「啊～真的是向日葵田啊！」祈禱成真了。

　　隨著車行慢慢接近，我看到搖曳在風中的向日葵，不同於以往好天氣時遇見的定靜明晰姿態，搖晃在風雨中的向日葵充滿了飄搖的生命力，而且後方還是有磚紅色的老厝群，形成了極美的畫面。

紅磚老屋和向日葵搭起來特別有味道

我好想知道這裡究竟是哪裡？是鹽水還是後壁？還是柳營？連個地標都看不到，後來我們決定到德元埤，繞往的路也不是方才走過的地方，這個未知坐標地點的散落向日葵田，就成了永恆的憶念，畫下這景致也只能靠腦海裡的印象了。

說起向日葵，問了很多人幾乎沒有不喜歡這花的，大概是因其鮮豔的色澤帶給人歡喜的因子，看到這花就聯想到喜悅、掃去憂鬱。它們原產於北美洲，是居世界第二位的油料作物，不只能榨油、也能產葵瓜子，是一種兼具觀賞與經濟功能的花卉。

不過向日葵的品種很多，觀賞用的多半比較矮小，可以種在盆栽裡；食用型的比較高大，有的甚至可長到兩公尺高。花也分成單瓣、重瓣，或有單花、多花之分，雖然看起來都差不多，但細細品賞還是有其不同。但不管是什麼品種，向日葵就是容易令人心花怒放的花，下次如果有機會，遇見在這片土地上短暫駐留的漂移向日葵田，一定要帶著「我真的好幸運，可以見到這花」的心情，停下來走走看看、拍拍照，把金色燦爛的美好化成相片停格的永恆。

「藝」遊臺南 13條賞花路線

Sally.K

INFO

冬末初春為向日葵的開花期，在許多休耕的農田上都可看到它們的蹤影，如七股、新市地區。近幾年臺南市政府也有舉辦一些地方的花海節，像是安定花海節，可留意安定區公所的資訊。

網址 / http://online.anding.gov.tw/
電話 / (06) 592-1116

蒼勁古梅

牆腳數枝梅，凌寒獨自開，遙知不是雪，為有暗香來。

Sally. Kuo.

　　短短的詩，把梅花專屬節氣的幽寒與淡漫清香輕輕道盡。每到這個時節，我總會想起南橫梅山、南投風櫃斗……，在寒氣與暖陽交錯的時光裡，我們在梅林下的驚嘆之顏。不過這些地點離居住的城市都有點距離，在這個沒法奔赴山林賞花的冬季，我知道府城還有幾個梅花綻開的美好角落，有我期待的白梅花顏，在時序的遞嬗間不曾遺忘、默默地盛放著它們清幽的姿容。

　　最初發現的是位在開山路上的延平郡王祠後方的幾株白梅，梅花小巧的花形和蒼勁有力的枝椏所呈現出來的氣質，和古蹟的古老氛圍非常搭調。我喜歡坐在祠堂前的高階上，欣賞紅牆前方點點如雪的白梅姿影，黑色的枝椏間已冒出幾許嫩綠新葉，紅牆、白梅、黑枝、青葉所組構的色彩圖象，就是讓人百看不厭。

記得第一次無意間發現這幾株梅花的身影，當時我在午後流連於郡王祠，逛遍了各處的園林角落後又特意繞回此處，徘徊欣賞，深嘆原來在自己居住的城市裡就有梅花的芳蹤。非常喜歡梅花不俗麗的優雅氣質，東走西看，直到冬日傍晚日光漸隱後突驟的涼冷之氣襲來，才不得不離開。

在山野，梅林花朵廣覆燦放，欣賞的是遠觀的壯美感；在城市，因氣候的關係，梅花不像在高山上開得多而繁盛，稀有與難得加深了珍貴的情愫，細細品味成了最好的欣賞方式。

除了郡王祠的梅花外，府城裡最有名的梅樹，莫過是武廟裡那株相傳是明朝寧靖王所植栽的古梅了。如果傳言為真，

梅花的清雅映襯著藍天特別好看

「藝」遊臺南 13條賞花路線

這棵老梅樹就已有三百多歲的年紀了，想到它曾經歷過的歲月，是何等的漫長悠遠啊！

幾年前每到元月時節，我就會找機會溜進武廟裡看這古梅，依著天候的不同，每年的花況也十分迴異，有時會看到花苞纍纍的繁盛花姿，有時則是綠葉冉多，但花朵只有零零星星點點，透著寂寞感的荒涼味。聽人說梅花的綻放與天候有絕大的關係，暖冬的花就疏落，只有越冷的冬寒低溫，花才會開得多、開得美。

記得幾年前的夏天，我參加府城文資會辦的活動，其中一個景點就是來到武廟、憑弔歷史痕跡，那時走到後殿著實嚇了一跳，老梅樹怎麼撐著好多支架，而且變成橫向長了？後來才知是前一年颱風的關係，讓老梅樹的主幹裂開了，梅樹受到重大的外傷，卻還是屹立不搖地慢慢生長，彎橫著身軀繼續側長出更多的細枝。

原本擔心老梅樹可能會枯萎或元氣大傷，沒想到經過大災難的梅樹，彷彿要把毀裂的主幹所去失的力道通通在側枝裡找回來般的，加上今年的冬季嚴寒，老梅樹反而長得更茂盛、更蓬勃了，彷若新生般。

站在冬陽暖暖的梅樹橫枝下，看著藍天裡的點點白梅蕊心，心裡揚起的不只有對花美的讚嘆，更多的是對它所表現出的堅毅和頑強生命力的滿滿感動啊！

MEMO

延平郡王祠和祀典武廟是府城賞梅的佳景，花期為約十二月底到一月間，須視每年的天候狀況留心花的盛開期，天冷花多，暖冬有時只見花苞幾朵。

《營遊路線》

延平郡王祠／可搭觀光公車88於延平郡王祠站下車。

祀典武廟／位在民族路與永福路交叉口，可搭市區公車5或觀光公車88，於赤崁樓站下車。

武廟後殿被颱風摧折的老梅樹展現強韌的生命力，橫向生長依然蓬勃有勁

我的藝遊日誌
帶著畫筆去旅行

「藝」遊臺南

8 條新舊傳承老街

Sally. Kuo 2016.
喜樹老聚落磚屋群

安平老街

　　一般講到安平老街都會以延平街為主，其實中興街及效忠街一帶也保留了不少老街的痕跡。

Sally. Kuo
2016.10.5.
安平老街茉莉巷

小巧蜿蜒的茉莉巷

小時候常來安平古堡的我並不知道這裡有一條很古老的街，是三百多年前荷蘭人在臺南地區所修建的第一條街道，就是位在古堡東邊的「開臺第一街」，也稱為臺灣街或石板街，後來這裡更名為延平街。延平街為東西向，西至古堡街、東至效忠街，不過以古堡街至平生路這一段最為熱鬧，也是目前大家最常來遊逛的路段。

　　會知道這條街是在民國八十三年時，市政府要將延平街拓寬，但有許多文化界的人士反對，因而興起了一波拆除抗爭事件，所以我才知道的。得知後也趕緊前來探看，果然是個充滿許多古味老屋的所在，不只有許多土角厝、矮紅磚屋，還有好多棟好看的洋樓，許多門面和窗景都好有味道，走逛起來別有一番奇趣，但真的很窄，在現代來說應該不能稱為街，只能說是巷弄吧！

　　又過了一段時間前來就面目全非了，道路拓寬拆建的工程已經開始，兩邊的房子門面廳堂都要往後退縮，許多人家就乾脆搬離了，呈現屋毀人空的場面；有些繼續居住的居民因大廳已被拆除，臨時用一些隔板把後半部居宅稍為隔離，也作為修復期間暫時性的因應，卻被好多前來關照拆除的外地遊客給影響了居住品質。只記得我看到好多被拆下來、好看的不得了的門片、拱柱、畫樑，被堆棄成一大堆，然後運走丟棄了。也有許多戶人家遭到專偷民俗古物的賊兒入侵，丟了不少寶貴的家屋貴重物品。整條街呈現兵荒馬亂，有人想盡快拆、趕緊順勢蓋新屋，有人還在做最後抵抗、不願拆拓的堅持抗爭，場景就是混亂的。

　　再一段時日前來，這裡已呈現不同的新貌，許多改建後的新屋紛紛做起生意，尤其「臺灣第一街」這樣的美名，也替這裡打響了名號。還有週休二日後，國內的旅遊風氣興盛起來，位在眾多古蹟區域的老街，自然就成了遊客逛完古蹟後覓食、休憩或採買的好所在。就此生意越來越興隆，人潮總是不斷，要嗅聞到老街的古味，可要往更小的巷弄躦了呢！

　　像是在延平街入口處、佇立「臺灣第一街」碑石的地方，往右邊瞧就有一條小小蜿蜒的小巷，人稱「茉莉巷」。其實這原本只是街屋後方的防火巷曲徑，地方人士把這裡美化成盆栽小巷弄，巷口一整片的紅色砌磚與茉莉花植栽，就是吸引人走進的一大引力。走了一會兒，被陽光照拂下的攀藤型黃花所吸引，燦亮亮的色彩叫人喜悅。記得我以前來時剛好遇到茉莉花開的五、六月，淡淡的花朵清香飄散在空氣裡；這一次雖不是花季，綠茵茵的色調一路漫延也是動人。而且你可看到老屋的低簷和小窗，那迷你的樣子藏著巧韻，和灰泥色的斑駁牆面及植栽形成好有味道的景致。我想這就是老街的氛圍吧！正面拓寬的延平街，熱鬧的商業景象已經少能發現古味，彎進蜿蜒後巷才能找到昔時建物的風華。

「藝」遊臺南　8條新舊傳承老街

鑽入小巷還可發現許多古味的老牆

　　我突然想起幾年前想為油畫的題材找靈感時，特別到安平這裡來鑽小巷，隨意探走間好幾度都迷路了，但卻因此而看到好多陳舊、還沒被整修得過度新穎的單伸手式紅磚屋，配著旁邊的樹木和枯葉，真的是很有味道。還發現了不少隻嵌在門牆上的劍獅，增添了迷走的樂趣，據說現在還有屋簷上的風獅爺，也許下次來老街區時也可以找找看呢！

常遊路線

可搭觀光公車88或77-1安平環線假日公車，於延平街或安平古堡站下車都可，徒步漫遊此街區。

新化老街曾獲選為南瀛十大歷史建築第一名、臺灣歷史建築百景第二名，值得細細品看。

Sally.Kuo 新化武德殿

新化老街旁的武德殿充滿濃濃日式風情

接近正午，暖炙明媚的日光把新化老街屋櫺的壁面裁印出明暗對比的好看剪影，在窗台、圓拱、招牌飾板、巴洛克裝飾柱體的紛立間，用光線的魔幻之筆，映灑出如音樂般的律動繽紛。當我走入街口，馬上被這兩排街屋的美麗壁面、和光影在壁面上形成的好看映影深深吸引，這裡比我幾年前初次來時多了些許紛鬧的雜景，但也川流出一股鮮動的活力，感覺這裡變得不一樣了。

腦海的記憶影帶倒回多年前初次造訪的午後時光，我從歸仁行來，依著地圖方位的指引，好不容易尋到新化老街的正確位置。我用漫步的悠閒心情走入老街，撿拾這裡的精彩，讚嘆是心間不斷湧升的接續語句。要到新化老街很簡單，只要來到中山路和中正路的交會處就是了，如走國道 3 號則從新化交流道下，都很容易找到。

好愛淺藍灰的雅樸色澤，讓街屋有了低醞的統調，一種歷史歲月冉漫的時光感輕輕籠罩。好愛巴洛克式版型的裝飾壁面線條，華麗中帶著典雅的高貴質氣；好愛各式長窗的樣式，優雅裡藏夾著中西混搭的曖昧；好愛圓拱的弧形窗廊或樑柱，圓潤的線條把建築的方剛潤飾出不過度嚴肅的呆板；好愛嵌在屋子中央壁面上的姓氏或行號，絕對的端正感與外框的設計裝飾線板，成為家家戶戶不一樣的精彩圖騰，是目光停駐流連的不厭膩風景。

這裡是與眾不同的，過往的繁華榮光用建築的型式寫記，用成排作為街道的樣貌奠基鞏固。但我也在漫走裡看到了落寞淡淡顯影著，這是假日午後啊～這老街怎麼如此安靜？除了我之外幾乎看不到遊客。除了對我張著好奇之眼的狗兒外，某家商店裡有個整理五金貨品的中年老闆活動著，其餘幾位長者都是倚在高背的藤椅上打盹。一直走到街尾處，才看到茶水攤子有幾位購買的客人，少許音聲的喧嘩，打破了這裡過度靜謐的空氣味。

還好經過政府和地方人士的奔走努力，多年下來這裡漸漸披上了復甦的彩衣。當我站在街口，看到一個個形式統一的現代化招牌，一家家商店林立起來，而且有不少遊逛人潮，有的還是文史工作者帶民眾來參訪的年長隊伍，我就知道當年的疑惑和擔心是解

老街裡充滿巴洛克式風情的屋牆就是好看

除了。的確是啊！從老街亭仔腳前擺放滿滿的機車和路上的人潮、車潮來看，這裡真的和我憶記的畫面不一樣了，一樣形式的老屋，點染進更多的繽紛色彩了。

　　我們來到朋友開設的重慶現炒吃午餐，歡談高中的往事。也是這樣的機緣，我才有幸走入老街這古老的房子裡，從以前走馬看花賞老街建築的遊客，變成深入宅扉的觀察者。老屋門面不寬，一走進才知道它的深長，所以在中間的部分有個類似天井的露天採光空間。通往二樓的樓梯也非常窄陡，是往昔商家普遍的建築型式，雖然空間不大，但從樑柱、壁面的力感可看出當年建造的堅實度，才能經過漫長時光的洗禮，仍保有典麗風華。

　　還是要再走一遍新化老街，還是最想收納這裡的優雅典麗，附近的武德殿已整修完畢，楊逵文學紀念館也可順道一遊，是個可以做深度歷史之遊的好所在。附近也有新化老街咖啡和 Pa Pa Yummy 義式披薩美食，都可順道遊訪，享受美味餐食。

INFO

楊逵文學紀念館
網址 / http://yangkuei.sinhua.gov.tw/
地址 / 臺南市新化區中正路488號
電話 /（06）590-8865
開放時間 / 週二～週日，09:00 ～ 12:00；
　　　　　 13:30 ～ 17:00，週一及國定例
　　　　　 假日休館
門票 / 免費參觀

「藝」遊 臺南 8 條新舊傳承老街

 MEMO

重慶迎久現炒
地址 / 臺南市新化區中正路419號
電話 /（06）580-1258
營業時間 / 11:00 ～ 14:30；16:30 ～
　　　　　 21:00，週一店休

朋友開的重慶現炒，專賣
辣勁十足的四川菜

神農老街

狹小的神農街是府城中西區很具代表性的老街，雖短卻非常精彩。

短短的老街可看到以往的木造商店樓屋，在市區裡非常難得

　　靠近水仙宮市場的神農街是府城知名的老街，往昔稱為北勢街，街屋是沿著以前的南勢港和佛頭港兩河道間的地形建構出來的，在過往海上貿易興盛的年代，這裡剛好地處於貨物吞吐的轉運站，自然形成店鋪商家，是府城很早期的商店街，熙來人往、好不熱鬧。不過這些繁華盛景也在河道淤積、河港退位後逐漸沒落了，狹小的街巷，陳舊的老屋，像被時光遺忘般的靜靜的佇立在城市的一角，以落寞安靜的容顏，定定的封存著曾有的繁華印記。

　　而今再走進神農街有了新的發現，在這幾年文化人士的改造與進駐之後，這裡有新的風情正在建構。同形式的兩排地面式路燈讓這裡有了溫暖的統調，不會像以前來時過暗的街燈總讓我心頭壓著害怕的暗影，既想探訪又被過於黝暗的光線打散深入久留的步

履。石砌的人行步道和街屋邊種植的盆栽，形成搭調的蔓延路徑，讓人放心地自在行走。有些久空無人居住的老宅曾為這裡的寂寥味加分幾抹，現時也在年輕藝術家進駐後有了一股新活力，讓老屋變身為展場空間或藝術工作室，從招牌與透過玻璃窗看進的室內陳設，就能感受到創意的芽苗正在此處滋長。這裡還有幾家很有意思的藝品店、飲食店，保留了老屋低醞的美感和質氣，吸引著人們前來的腳步，比較知名的有販賣文創的五條港行號創意工作室、太古百貨店、神農酒館、76藝文空間都值得一逛。

　　我們來時正好是週一夜裡，是許多店家公休的日子，也因此這裡顯得特別靜謐，正是我喜歡的。我們走進街尾一家擺滿陶瓷和老木櫃的藝品店裡流連，因客人不多，我們可以和老闆閒聊，談談老街的近期變化。看著藝品時也注意到屋裡側方有很陡斜的木梯，這是狹窄型商店街節省空間的特有梯型，在現代已很少見。那陡峭的角度大概有六十度吧！我們問了老闆可否上樓參觀，老闆起先以上面是倉庫很凌亂為由婉拒了，但看我們一副渴望的神情就沒有阻止，還跟隨我們身後上樓為我們介紹。

貼滿各式春聯、剪紙的窗景，是遊客最愛的拍照場域

老街有臺南風景明信片的自動販賣機

站在二樓裡抬頭仰望，可以清楚的看到屋子樑柱的木造架構，有種規律的形式之美。前方門外就是小巧玲瓏的露台，一走出露台就看到一輪美麗的月娘，悠悠的淡黃色澤，低掛在街屋上方不高的幽藍色夜幕中，好美！老街櫛比鱗次的斜屋頂，在月光的拂照中形成好看的剪影塊形，啊！原來二樓的風景是這樣的啊～我不禁想起初次來到神農街時站在街心處的渴盼，終於實現。

暖和的冬日夜晚，我倚在二樓的門柱上，享受著老街冬夜的寧靜之美，遙想著過往這裡曾經有過的繁華熙嚷。但還是私心的希望這裡不要發展得太快、改變得太多，能讓這份寧靜氛圍在城市的這方角落繼續駐留，多年後再來散步還可以享有和緩舒愉的情調，悠悠的美好。

不得不承認老街在這幾年有了一些轉變，在許多新的文創商店和特色餐飲店進駐後，走逛起來又是不同風情，新舊交會的氛圍很特別，也值得前來探覽一番。

INFO

神農街以海安路到康樂街這一段保留的最完整、也最精彩，可搭觀光公車88於神農街站下車，徒步漫遊神農老街，附近也有水仙宮、正興商圈和國華街小吃，都可順遊。

信義老街

　　登上兌悅門的城牆，俯瞰彎細的老街，日光晴暖，心頭也暖，好愛這老街的寧靜氣味啊！

小巧的兌悅門

　　我是因為要尋找兌悅門才知道信義老街的，一來探訪才發現這街真的很狹窄、很別緻，安靜的氛圍散步起來非常舒服。牆門邊的小巷裡還有家養了多隻貓咪的老宅，貓咪出來遊玩嬉戲、也成了我在城垛邊寫生時吸引目光的游離焦點。

　　兌悅門真的很特別，它是現今臺南市的城門中唯一還具有通行功能的城門，以前府城從小西門延伸到小北門之外城共有三座城門，其餘兩座現在都已不復見，僅剩此座小小的兌悅門，因其位於正西方，故以八卦中的「兌」為名，表示通往西邊的要道。

兌悅門是在清朝道光十五年（西元 1835 年）增建的城門，為大西門的外城，城高 4 公尺、厚 3 公尺，門洞寬 3 公尺。主要是因為道光十二年時發生了張丙之役，為了安定民心，就在臺灣各城添加半月城。兌悅門的基座以珊瑚礁（又稱老古石）為材料構建，上面再砌上磚石，城基四角以花崗岩補強，所以又稱老古石城。

在城邊的集福宮旁有一塊古碑文，記載了修造老古石街的一些點滴紀事，老古石街即今日信義街的舊稱，昔時是五條港的新港墘港所在之處，雖然這些港道都已消失看不見了，但從五條港的示意地圖裡還可想像一下。

現在看起來城門並不高，旁邊也有台階可以登頂，我就循著紅磚石階慢慢走上城頂，從這樣的視覺高度往下看，整個靜巷的輪廓紋理清晰可見，好多斜屋老宅和電線桿的交錯身影，也排組出好看的構圖，都是可寫生的佳構。拿起速寫簿畫畫時，剛好有一對好看的鳳蝶在身邊翩翩輕舞，在大榕樹的綠蔭下畫著圖，看著眼前的幽靜街景，真覺幸福。

賞遊路線

要到兌悅門可搭市區公車環狀線於金華、成功路口下車，往文賢路一段走就可抵達。

登上兌悅門俯瞰附近街景

其實老街裡不只有古老的排屋，這幽祕之氣的老街早就是特色咖啡廳和文青工作室進駐的場域。從兌悅門往東走，發現好多家老屋改造的咖啡小店，門面都非常有特色。像小西門時光驛站、狐狸小屋、兩倆都很有名。一路閒走，看見許多別緻的鐵窗花，還有可愛的壁畫，走至附近的忠孝街，也是老屋林立的街巷。這裡也是電影《總舖師》拍攝的景點，街尾的媽祖樓小巧有特色，尤其上頭的剪黏色彩繽紛豐富、非常好看。要到這景點可從成公路轉康樂街的巷弄進來比較快，街巷兩邊的建築也保有許多電影拍攝場景的線索，細細搜尋十分有味。

忠孝街上的媽祖樓也是電影《總舖師》的場景

　　回程再走一回信義街，發現有一群人在拍影片的樣子，而且每個人手裡都拿著一個紙杯，靠近一看，原來這裡有一家知名的「慕紅豆」，大夥兒正在拍攝相關的影片。可惜那天還未到營業時間，無法品嚐到這傳說的美味，後來我又找了其他日子來，終於品嚐到美味的紅豆湯。這紅豆湯有點淡淡的柴燒味，不過價格並不便宜，整個店的氛圍很有文青特色，據說假日客人非常多。

　　繞出去才發現慕紅豆的地址其實是在民族路的巷子，不過這一帶都是老街巷，許多巷弄互相通來通去，都可發現很有特色的古老房子，走逛中就看到兩棟日本式的木屋，保留得很完整，真的是探索不盡、充滿奇趣的老街啊！

信義街上的壁畫

當遊路線

到信義老街可從火車站搭市區
公車環狀線在金華、成功路口
下車，沿金華路往南走至信義
街交叉口就可抵達，路徑狹
小，適合步行。

走進喜樹路 254 巷，這裡的老紅磚屋之多超乎想像，有些已有百年以上的歷史。

老街裡有許多的紅磚老屋，有的已傾頹，有的還有人居住

喜樹位在臺南地區的南方地帶，離市區有一段不小的距離，所以略感偏僻，尤其近幾年人口外流，附近又多是魚塭、田地，來到此總有種來到偏遠鄉下的感覺，難以想像是在臺南市裡。其實喜樹的開發甚早，也有過輝煌的熱鬧盛世，且因不過度開發，所以留下很多充滿歷史感的地景和文物。

這幾年在環保署「營造友善城鄉環境」計畫的引導下，在地居民一同進行社區改造，老人家發想出手工縫製的「魚‧菜包」，一下子就打響了地方文創的名號，也讓退休的農漁民可把年輕時常接觸的魚、菜化成文創商品，讓更多人注意到喜樹這地方。政府和社區居民一起努力，把這裡營造出有特色的老街區域，每個月還有定期的假日市集擺攤，帶動了觀光人潮，也讓這裡有了活水新氣象。

從前臺南地區的中間有一大部分屬於台江內海，圍繞在內海外的沙洲由北至南分別是一鯤鯓到七鯤鯓，喜樹這裡屬於五鯤鯓，居民祖先很多為跟隨鄭成功來臺的泉州人士。早年所建造的屋子多以土角厝為主，經濟發展較佳之後，就開始興建閩南式的磚屋，後來又有日式木造與西式洋樓建築，所以在許多老磚屋的門面或窗櫺會看到日式或巴洛克式的元素加入其間，形成了混搭的魅力。

不過也有許多大宅依循古法建造，連建材都是從福建運過來的，像還有人居住的薛家大瓦厝，其樑木、磚瓦就是都從大陸運來的。一走入其間就被大廳精緻的門片所吸引，中央為板門、兩側為格扇，格扇上的雕刻非常精細，主題各異其趣。主廳裡的形式架構也都完整的保存，雖然經過了歲月的風蝕，但依舊可見當年大戶人家的建築美學，顯影在許多小細節裡。還有在喜樹聚落中屬大姓的蔡氏，其家廟宗祠位在喜樹路254巷附近，是一棟建於清代、已有百年以上歷史的三合院，牆面以雙挑斗栱採硬挑方式構成，屋頂為雙坡落水，瓦作是傳統的仰合瓦。

因喜樹為臨海的小漁村，生活中的食用淡水取得不易，所以聚落裡曾有多口井，目前仍可使用的有八口。我們來到辛家古宅時，耆老還特別把古井之蓋掀起讓我們觀看，果真看到不深處就有水光湧動，真的保存得很好。

老街裡隨意一個轉角都有驚喜在等待，有時是一棟讓人驚嘆折服的大器老宅，有時是一扇細長好看的窗櫺，有時光看砌磚的組構就很精彩。而且老街也加入了可愛的新元素，像是一組穿爬在紅磚老屋頂上、姿態奇趣的鑄鐵貓，畫下當年柑仔店的生動壁畫，阿公載貨的腳踏車，在許多壁面、地面都會看到的黃槿花彩繪……，都讓本來已顯寂寥落寞的老屋群，有了讓人眼睛為之一亮的新注目點。

尤其在每月的假日市集時光前來，還可品嚐採買當地的特色小吃，像是碗粿、古早味的喜餅、麵粉酥……，還有街頭藝人的歌唱表演，整個狹窄不寬敞的老街區，因市集而充滿了鮮活的新生命力，有助於此地的曝光度和觀光發展，實在不錯。

老街泛新意，在古宅與文創活水間，我看到了喜樹老街嶄新的風采……

INFO

老街主要泛指喜樹路254巷往內、巷弄裡的老屋群。平日沒有活動，來觀時請勿喧嘩，以免打擾當地住戶。每月有固定的假日市集，時間請來看「喜事集」的資訊。

喜事集 http://isbranding.com.tw/shiishigi/index.php

喜事集最熱門的「魚．菜包」攤位

可愛的鑄鐵貓攀上了紅磚老屋頂

可搭市區公車1在喜樹站下車，
對面即是喜樹老街。

喜歡看正興街區店家前的貓咪圖繪，每一隻都不同，俏皮又有趣，就像
這裡給人的活力感。

Sally, Kuo
正興街西市場入口
2016.11.16.

古老的西市場入口

　　我是從一支冰淇淋開始發現這條街的，這樣講好像很誇張，但的確是事實啊！臺南
的街道很多，以前根本沒注意過正興街，但因我常騎車經過海安路，有陣子一直看到某
條路與海安路的交叉口處，好多年輕人走出來手裡都拿著冰淇淋吃著，有些穿得很時尚，
似乎是外地來的遊客。我納悶著，為何從這條街裡走出來的人都在吃冰淇淋呢？

　　因為實在太頻繁了，讓我的好奇心湧上，終於在多日後騎著車子往這條叫正興街的
路徑探看，結果看到冰淇淋店前滿滿的排隊人潮，真的是嚇到了。這是什麼樣的冰淇淋，
竟然這麼吸引人？我本想也買一支來吃吃看，但看到蜿蜒的排隊人潮就放棄了，記憶了
這店名叫「蜷尾家」，它就位在正興咖啡館的前方廣場邊。

來了幾次，還是因眾多的排隊人潮打退我的品嚐之路，但也順便觀察了這街，每一家店生意都好好啊！後來終於和家人逛遊至此，說想就來排一下隊吧！一定要品嚐一下究竟是何等滋味。終於在排了快半小時後吃到了冰淇淋，我們點了抹茶和芝麻的口味，都非常濃郁飽滿，口感綿密紮實，終於明白為什麼到這裡的人都是人手一支冰淇淋了。

大夥兒邊吃邊逛，發現這裡不僅有冰淇淋，還有水果冰、紅茶店、咖啡店、台式食堂……，每一間都生意很好，中庭區成了大家排隊、休憩、聊天的所在。再往東行，還有潔白新穎的佳佳西市場旅店，跟古樸的西市場大門，一新一舊的對比，讓這裡有一種特有的氛圍。且交叉路口就是熱鬧的國華街，往南左手邊就是淺草商圈，來此品嚐小吃和逛街的人很多，整個街區就是洋溢著一種熱鬧的氛圍。

其實早年的正興街因緊鄰賣布的「大菜市」（西門市場），本來就是商業繁華的地帶，人潮跟現在差不多。後來因為布業的沒落，整個市場蕭條後，正興街也孤寂落寞了一段時間。直到近幾年，北部下來臺南開店的「彩虹來了」，結合了周邊商家的力量，一起讓這裡越來越熱鬧，甚至還發行街區的刊物《正興聞》，舉辦音樂節，還有仿效日本的辦公椅競速賽……等。

活動的舉行讓正興街在媒體的曝光度越來越高，也讓外地人都想來探看這是條什麼模樣的街，怎麼這麼有活力。現在來到這裡可發現每家店前都有可愛的貓咪插畫圖騰，有一種整體的規劃感，且有很多充滿新意的店家進駐，是個很適合散步、遊逛的好所在。而且只要躦進西市場裡尋巡看看，都會看到很多有意思的商鋪、工作室，甚至很古老的攤子、香蕉倉庫……等，讓人覺得仿似走進時光隧道般，很有意思的一個地方啊！

只要你來正興街，就會感染一股年輕的活力，而且也會發現這裡年輕人特別多，是一條保留了些傳統、卻又充滿無限新意的街。街上的商店更替的速度也有點快，一陣子再來，都會發現有新的商店在開展，就是充滿活力熱情、值得一訪的街道啊！

 MEMO

正興街從西門路一直延伸至金華路，但以西門路至海安路這一段為最適合散步、逛逛的區域，有許多文創小商店和美食小攤，像是泰成水果店、Brick 磚塊、布萊恩紅茶、泡卡夫……等都很知名，都值得來探索。

附近一帶的商家都擺上正興貓的有趣店招

蜷尾家
地址 | 臺南市中西區正興街 92 號
營業時間 | 平日 14:00 ～ 21:00，週末 11:00 ～ 21:00，週二、週三店休

彩虹來了
網址 | http://www.rainbowiscoming.com/
地址 | 臺南市中西區正興街 100 號
電話 | (06) 220-2868
營業時間 | 14:00 ～ 21:00，週二、週三店休

新美街

　　新美街用臺語發音就是新米街，讓人記憶這裡古早時期是以米的販售聞名的所在，現在則又有了一番新氣象。

Sally.Kuo 2016. 新美街的鳳冰菓鋪

新穎別緻的鳳冰果鋪

　　以前在學畫、準備考大學美術系時，畫室裡有一位好朋友就住在新美街，他們家做的是金紙製造和販賣的行業，他說他家附近有十多間類似的金紙鋪，引發了我們對新美街的好奇。

　　看了文獻資料才知新美街早期又稱米街，過了成功路北接大銃街，可通小北門。許多從小北門帶進府城的農產品在大銃街集結，所以發展出不少碾米廠，往南就在新美街這邊開店販售，所以才有米街之稱。除了賣米外，也有很多南北貨，往昔車水馬龍、人

來人往，許多來批貨的商人不會馬上回去，所以有了旅社的興起，是一條熱鬧的街巷。且街上就有開基武廟，開基武廟附近有大天后宮，大天后宮旁的巷子往東走可到祀典武廟，所以來拜拜的人很多，金紙舖就孕育而生。

　　因為是條老街，街上有很多傳承許久的老店，從開基武廟往北有昭玄堂香舖，往南有金德春老茶莊、泉興疊褙具、恭仔肉燥意麵……等，還有些文具店、雜貨店，都是很有歷史的老店，走逛起來就是特別有味道。尤其這裡的開基武廟，是我從考大學時就會來祭拜的古廟，這廟創建於明朝永曆初期，原本是寧靖王府的鐘樓，清朝後才正式改為廟宇，是臺灣最早的關帝廟，因規模不大，又有小關帝廟之稱，現在為市定古蹟。

　　常來這裡，也注意到這裡的店家悄悄在改變中，像我朋友家所從事的金紙製造業已日趨沒落、僅剩幾家，但卻有一些新穎的店家悄然進駐，像是冰淇淋店、甜點店和新潮冰果店等。這些新的店家充滿文青風，店的外表都有設計感，讓人眼睛一亮，帶來一股清新活力的氣氛，和原有的靜沉老店混搭一起，就成了這街的新風情。

　　前陣子我就走訪了一家叫「鳳冰果舖」的新式冰果店，會來此是因為小時候我家就是開冰果店的，我想來看看這時代的新式冰果店會呈現何等光景。一來到此就被店家的外觀所吸引，木頭色澤的裝潢讓人感覺溫暖，外頭擺設的水果讓人好想作畫。屋內乾淨的水泥色澤牆面，保留老屋的風情，不會過度新潮，反而很有味道。我們點的果汁也很好喝，呈現色香味俱全的感官之美。

　　和老闆閒聊下才知她和這裡許多新式店家的老闆一樣，他們都是喜歡米街氛圍的年輕人，所以選擇這條街來開店，現在有歷史街區振興計畫，區公所也會特別關照扶持，所以他們在這裡經營起來都有不錯的成績，尤其感受到老街巷落濃濃的人情味。的確啊～臺南土地就是有這種「黏」人的質氣，一座很樂活的悠居城市。

　　離開鳳冰果舖，我又去看了壁畫小巷，這些位在新美街 125 巷側邊的壁畫超棒的，主題的人物畫得吸睛，和老屋的壁面、窗櫺也都結合的無違和感，讓人感受到這古老街巷也有了新時代的風情，真的很值得來走走逛逛。老臺南注入新藝文風，就從老街漫延開來，尤其是這條我愛的新美街，新舊交雜間充滿了耐人尋味的特殊質氣啊！

細膩精彩的壁畫為老街注入新風情

營遊路線

壁畫小巷可搭市區公車5在西門、民權路口下車，再從新美街125巷進入。

INFO

鳳冰果舖
地址 | 臺南市中西區新美街183號
電話 | 0911-686-713
營業時間 | 10:00～19:00，週六至20:00，週二店休

開基武廟
地址 | 臺南市中西區新美街116號
電話 | (06) 221-4671
開放時間 | 07:00～21:00

開基關帝廟
Sally. Kuo
2016. 10. 28.

充滿歷史的開基武廟

府中街

位在孔廟對面的小巧街道，紅色刺桐花開的時節是最美的時分。

古意的泮宮石坊

　　「泮宮石坊」是一個知名的地標，也是臺南人很熟悉的地景，就位在南門路上的孔廟正對面。我很喜歡這座石坊，覺得它底下的石獅子好像經過歲月的風蝕後、銳利的稜角都磨圓了，更顯古樸可愛，色澤也雅致。穿過這石坊下就是充滿文藝與歷史氣味的府中街，這裡大約始創於清康熙五十九年，因為昔日聚集了販賣木柱的商行，所以又稱為「柱仔行街」。早期交通不便的年代，許多貨物的遷移與交換完全得依賴人力的搬、挑，

從事這份運送工作的人口就稱為「挑夫」，而柱仔行街因為常常有挑夫們在這裡聚集，所以也被稱作「挑仔巷」。

不過那都是很古早的時代了，我來不及參與，小時候對這條街也沒什麼印象。會開始走進府中街是因民國八十九年經過老街再造後，這裡營造成商圈，剛好小學同學也和人合夥在這開了火鍋店，我們有時會來捧場，才知這裡已變為有許多露天茶座、咖啡座和藝文小商店的悠閒所在。每到假日就變成行人徒步區，坐在兩側的刺桐樹下喝杯咖啡或清茶、果汁成為最大賣點，「刺桐花巷」也就成了這街的另一個美稱。

因為這裡靠近孔廟，遊客本來就不少，外地的遊客逛完孔廟或文學館，也希望找個可以歇歇腳、喝喝茶，休憩一下或採買些伴手禮的地方，府中街的商家機能就剛好配合遊客之需，所以這裡出現不少可用餐、喝飲料的餐飲小舖，炒泡麵也成了這裡許多店家的招牌商品，像是保哥黑輪、喬安扁擔豆花和街尾的台灣黑輪……，都是知名的店家。

除了餐飲和伴手禮商店，我愛逛的還有精緻優雅的文創禮品店，有許多手作商品和插畫家充滿設計感的作品，即使不採買，用眼睛賞覽也都覺得很美好。還有府城陶坊，想做手拉坯、玩玩土，來此都是很棒的體驗。尤其到了假日，沿街的兩側都有各異其趣的手作小攤，有立體紙雕花、仿真黏土飾物、皮雕髮飾、花布手工筆記書……，多元又豐富，每隔一陣子來都有不同的小攤出現，讓走逛中有很多發現的小樂趣。

快消失的古早味煮楻塘也能在此體驗DIY，大人、小孩總是玩得不亦樂乎。還有一個畫糖的攤子，也是很值得大家去觀看製作及購買支持的古早手藝。前幾天參加商圈的導覽活動，我終於聆聽到畫糖老闆為大家解說、示範全部的過程，真的是不簡單，每一個步驟都需費時和耐心。老闆是一位行動不便的人士，畫糖攤子就在他乘坐的改裝機車上，車子就是他的工坊，畫出可愛精緻的金黃色透明感畫糖，就插在攤前供大家選購，對這項已不多見的古老手藝，真的要多支持啊！

♥ MEMO

保哥黑輪
地址／臺南市中西區府前路
　　　一段196巷25號
電話／(06) 228-5442
營業時間／11:00 ~ 21:00，
　　　　　週四店休

台灣黑輪
地址／臺南市中西區開山路
　　　74號
電話／(06) 221-7258
營業時間／11:00 ~ 20:00，
　　　　　週三店休

喬安扁擔豆花
地址／臺南市中西區府中街
　　　74號
電話／092-702-901
營業時間／週五~週日，
　　　　　09:00 ~ 17:00

畫糖的攤子

　　離開府中街時，秋日的夕光微微薄顯在西方天空，把刺桐樹照出背光感的氤氳，街上的行人都有著慢緩悠哉的步履，實在很喜歡，這味道就是臺南的慢活氣味啊！悠悠哉哉、走走看看、休憩小食……，就是府中街的特色風情。

府中街很長，從南門路一直到民權路，但以南門路到開山路這一段為主要的商圈，假日為行人徒步區，適合散步走逛。可搭觀光公車 88 於扎廟站下車。

有許多可愛的復古攤子

沿街兩側都是刺桐樹的府中街，綠意盎然

美好街巷

我的藝遊日誌
帶著畫筆去旅行

「藝」遊臺南
7 個美食特產名店

興榻榻米
lly. Kuo 2016.

振發茶行

茶罐上貼著用書法寫的名稱，光是獨特之名就給人很多的想像。

以前的老老闆包茶葉時的專注模樣

臺南因為歷史發展的關係，有許多傳承好幾代的老店，漫著舊時光感的氛圍，總是令人想去探訪。幾年前當愛喝茶的我知道在民權路上有一家叫振發的茶行，從西元 1860 年起就開始營業，到現在已經超過百年了，店裡有許多古老的茶罐和刻印，就引領著我前去的腳步。

那時一進到茶店，就被一牆古老的茶罐所深深吸引，茶罐的樣式現在已看不到同樣的款式了，上頭斑駁的痕跡透顯著歲月緩慢的雕鑿之痕。每一個茶罐上都貼著用書法寫的獨特名稱，像是福頂、龍吟、金花、寶圓、天心、古井、天遊……等優美的名，光是字面就給我很多的想像。我很好奇、以為這是茶種的名，經老闆介紹才知這是福建武夷山茶區三十六峰的名稱。

美好店家

這些錫製茶罐是開業之初就有了，從清朝用至當今，雖然有些表面已經剝蝕變色，上頭那些五十幾年的書法字體也褪淡、紙片脫落，但老闆並不打算淘汰或翻新它們。保有現在真實的樣貌，呈現時光在物件上雕鑿的痕跡，這種獨特質氣也就是老店特有的魅力啊！像是做為櫃檯的這張原木大桌子也是一樣，厚實的質地、磨出圓潤的邊角，表面有因長期使用摩擦而產生的木質亮滑度，溫潤而自然，時光就是最美的漆繪顏彩。坐在木桌前的長檬上，聞著滿室的茶香，聽老闆聊老茶店的故事，是一件多麼有意思的事。

那時高齡已經八十幾歲的阿公老闆，在十七歲時因父親過世而接下茶店的棒子，經營此店長達七十多年的光陰，雖然茶店的生意已不像早年民權路為府城商業重心時那般的繁華光景，但阿公還是保有他對茶葉品質與販賣上的種種堅持，像用宣紙來做手工包裝茶就是一例。當阿公從後方的大茶罐中取出茶葉，茶罐蓋一開、清香的茶氣在空氣裡流淌漫染，滿室生香好聞極了，之後阿公用嫻熟的手法，將茶葉包壓裝盛成一個方形的盒狀，再蓋上百年傳承下來的牛角製店印。這手工包裝茶的樣子是從古早就一直傳承使用的包裝方式，既環保又很有人文味道，我拿在手上不斷眷戀欣賞，實在好喜歡，心想回家後會捨不得打開把茶葉倒出來吧。

傳承多代的老茶罐

用宣紙包裝的茶葉充滿特色，許多外國客人非常喜愛

　　雖然幾年前傳來阿公老闆過世的消息，但我相信傳承的第六代依然會將阿公的精神延續、並注入新意。現在店家也有在網路販售，很多人都是打電話來訂購茶葉的，隨著時代變遷的腳步，老店也有接軌的新意，卻依然保有百年老店的特色。看著當年為阿公老闆畫下的工作神態，還是很喜歡整體的氛圍感，有種不疾不徐的氣味。

　　在府城，總是有這樣美好的角落與店家，值得前去探訪與流連，一起走進這名為振發的百年老茶店吧！你所感受到的絕非茶的迷人香味與醇氣而已，還有更多無形的迷人懷舊氛圍，等著你來發現品味……

INFO

網址 / http://www.teashop1860.com/main.htm
地址 / 臺南市中西區民權路一段 137 號
電話 / (06) 222-3532
營業時間 / 10:00 ～ 18:30

暢遊路線

可搭市區公車 1 於中山、民權路口下車，沿民權路走即可抵達。

富盛號

「水木爺爺手藝高，代代相傳口味好。」這是民國三十六年創立的富盛號外帶盒裝上的字句，簡單幾句就道盡了好滋味的傳承。

富盛號
碗粿

Sally.kuo.

富盛號的碗粿看起來比較黑，使用木叉充滿古早味

我喜歡碗粿，但天生不敢吃軟軟黏黏的食物，像是麻糬、湯圓之類的，所以碗粿如果太軟爛我也無法接受。臺南的碗粿中，我最喜歡的就是看起來比較黑、有肉燥香、口感硬一點的富盛號碗粿了。

會知道這家店其實是來自於其他碗粿同業的介紹呢！十多年前我剛從北部遷回臺南定居，對於家鄉的美食有種想多瞭解、多品嚐的強烈渴求。那時常到離家不遠的小西腳碗粿店吃東西，也和老闆娘熟捻起來，她會告訴我一些做碗粿的辛苦處，也聊起她公公那一輩的府城三大碗粿商家，跟小西腳一樣有名的就是富盛號了。

人潮總是絡繹不絕的市場邊老店

　　照著她所說的地點，我終於尋到位在國華街、靠近民族路口附近的富盛號碗粿攤，那天剛好是雨天，雨把地面都打濕了，攤後看起來髒髒污污的用餐空間，真的讓我沒有坐下去的勇氣。但工作人員熱情招呼說著：「坐啊～」我只好強忍著害怕的心情，勉為其難的坐下，腳邊還有一隻被雨淋溼、跑進攤子後躲雨的流浪狗，瘦弱的牠用哀怨的眼神看著我，讓我還沒吃到食物就滿心恐懼，心裡直唸著：「這真的是同業也推薦的碗粿店嗎？環境怎麼這麼糟糕」。

　　不過當我吃到碗粿和魚羹時，真材實料的好滋味把胃囊都溫暖起來，愉悅的好心緒終於擊敗方才的恐懼和嫌惡。細品這碗粿有蝦子、大塊瘦肉、蛋黃和碎肉燥……，和進米漿磨製的粿中，沾上甜鹹滋味剛好的油膏，吃起來真是美味啊！還有配著薑絲的魚羹，甜甜稠稠的湯汁口感，魚羹雖然稍稍硬了點，但也有濃厚的魚肉味，還算是美味的，和碗粿搭起來真的很不賴。

　　自從吃到富盛號的碗粿後，我就成了這裡的忠實主顧，也會介紹周遭的人來這裡享用美食，但心裡一直企盼，如果用餐空間能夠再改善一點該有多好。還好幾年過去了，島內觀光的氛圍越來越熱烈，特地到臺南來嚐小吃的旅遊人口多了起來，富盛號也注意到該給客人更好的用餐空間，不但做了形象商標，漆了壁面，也把桌子改成木料的好質感，雖然還是一樣不寬敞的店面，但最少比以前乾淨多了。

美好店家

不僅改善了臨永樂市場區的國華街老店，為了市場打烊後想來吃碗粿的客人，富盛號又在附近的民族路上開了比較寬敞的餐廳，一樣用木頭的溫潤質感來打造，和碗粿古早味的台式風情非常搭調，真的是太好了。這樣帶外地的朋友來吃碗粿，也不會因為狹窄和髒污而讓臺南的美食失分了。時代在進步，臺南小吃的餐飲文化也要跟著全面提升。

　　現在我還是常到富盛號吃碗粿，有時坐在攤前的擁擠空間，感受屬於市場排隊人潮的紛紛嚷嚷，感染一種熱情的生命力；有時到民族路的餐廳去吃，舒服乾淨的寬敞空間，讓吃碗粿多了優閒的好感，兩者都是美好的。這傳承三代的碗粿好滋味，最對我的胃，也歡迎大家來品嚐啊！

民族路上新開設的餐廳，空間寬敞舒適

INFO

富盛號
地址／臺南市中西區國華街186號之1
　　　民族路三段13號
電話／(06) 227-4101
營業時間／07:00 ～ 17:00，週四店休
搭市區公車77在永樂市場站下車，即可抵達。

小西腳
地址／臺南市南區夏林路1-29號
電話／(06) 224-5000
營業時間／10:30 ～ 19:00
可搭市區公車環狀線於夏林路、五妃街口下車。

保安路醇涎坊的鍋燒意麵，真材實料加上好喝的柴魚湯頭，真的是百吃不厭。

鍋燒意麵

Sally.Kuo

古早味紅茶和鍋燒意麵就是搭

鍋燒意麵是臺南麵點中常見的種類，販賣的店家非常多。經過油炸後的麵條又Q又香，與湯頭結合後又有點綿軟和蛋香，吃起來特別美味，尤其裝在用井字木架墊著的小鍋子內，看起來特別有一種溫馨的古早味。不過現在使用井字木架的店家越來越少了，據說是因為有一陣子大家對上頭的鋁鍋有疑慮，想起高中時代常去中國城的地下街吃鍋燒意麵，當時用的就都是這可愛的小鍋子。

一般的鍋燒意麵店家，很多都使用現成的火鍋配料，像丸子、魚餃……之類的，吃起來千篇一律、還容易讓人厭膩，像我家附近就有兩、三家兼賣鍋燒意麵的店家，都是用這種火鍋配料或高麗菜，吃起來很普通。直到我吃到了醇涎坊的鍋燒意麵後，天然柴魚熬煮的湯頭風味和用心製作的炸物配料就讓我深深愛上、成為常客了。

一開始是大姊外帶回來給大家吃的，因為醇涎坊生意超好，每次想在現場吃總會被滿滿的人潮給嚇到，尤其是假日，感覺要等很久，於是就都外帶。帶回來的麵已吸附湯汁、更顯軟柔口感，是我喜歡的，好喝的柴魚湯頭清甜有味，不會像有些店家的湯口味太重，或是喝完會覺得很口渴，每次我總是把湯喝光光。

我喜歡醇涎坊的最大原因除了湯頭外，還有他們與眾不同的配料，像魚片就是用新鮮的魚先醃過後再炸，吃起來有獨特的滋味。先一次大量醃製好，再依每天所需的量來炸，才能吃出新鮮又有味道的魚肉口感。蝦子選用白蝦，剝好殼後裹粉再炸，吃起來綿軟可口，不像其他店家有時選用整隻鮮蝦，雖然看起來配色美觀，但吃的時候還得用手剝蝦殼，總覺得麻煩。我喜歡吃半熟的荷包蛋，蛋黃一掐下去，綿滑的蛋液流進湯汁裡，混搭的口感特別好吃。

攤子上的炸物非常吸引人

還有很像油條的麵麩，吸著湯汁軟軟的口感，配著泡進湯裡已呈綿軟的意麵吃起來尤其美味。旁邊搭配的青菜、蔥花和魚板，也為整碗麵的整體配色加分，且店家還準備了辣粉，微紅輕辣的口感更增添了湯的風味。

店裡除了意麵外，還有冬粉、米粉和烏龍麵，也順便賣一些飲料，像綠茶、紅茶、青茶，起因是許多客人反映吃熱騰騰的麵、有時實在太熱了，需要冰飲降溫一下，每次我總會點杯店裡的古早味紅茶，和鍋燒意麵配著吃就是很搭。

　　因為是間超人氣的店，所以我都盡可能挑非假日或用餐的離峰時刻來，錯開人潮就能享有比較寬敞不擁擠的用餐空間，不過還好店家煮麵的速度算是蠻快的，有時人雖多，但也不會等太久，久候時就對自己說就是因為好吃、才會如此多人，多等一下也是值得的啦！誰叫我就是喜歡鍋燒意麵。

MEMO

保安路上還有阿鳳浮水虱目魚羹、阿娟咖哩飯、吳家紅茶冰、那個年代杏仁玉露……，店家很多可順道品嚐。

用餐時間總是人潮滿滿

INFO

地址∥臺南市中西區保安路53號
電話∥（06）221-5033
營業時間∥06:00～20:00

賞遊路線

可搭市區公車6於保安宮站下車，步行至對面。
如開車可停在海安路或西門圓環邊，再步行進入。

矮仔成

　　紅紅的蝦仁放在炒得油油香香的飯上，再加上綠色的蔥段和黃色的醃蘿蔔，小小一碗配色好好看，也把食慾都勾引起來了。

蝦仁飯

Sally.k

半熟的香煎鴨蛋配蝦仁飯好美味

　　海安路上小吃、美食很多，尤其是靠近保安路的這一帶，外地來的客人只要把車子停在附近，就可以在這裡找尋美食，當然對本地人來說也是一樣，不知道要吃什麼的時候，往海安路一段和保安路交叉口附近尋覓，就一定可以找到好吃的，而且都是庶民小吃，不必花太多費用。

矮仔成蝦仁飯就是我在胡亂尋覓中發現的，因為本身喜歡海鮮，聽到蝦仁飯三字就有一種好感和吸引力，也好奇小小的一碗飯怎麼會有那麼多愛好者，經過店家時總是看這裡的顧客很多，後來吃過後我也成了這裡的常客。總是點一碗蝦仁飯、湯和煎得半熟的鴨蛋，然後把鴨蛋放在蝦仁飯上，用筷子將蛋黃掐破，讓稠狀的蛋液流到充滿蝦仁味的飯裡面，再配點醃蘿蔔，哇～實在好美味呢！

　　話說這一碗蝦仁飯好吃的祕訣就在蝦子來自於鄰近的興達港或安平港區，每天都是新鮮直送的火燒蝦，且要經過人工剝殼及去腸泥。米飯則是用原子炭以傳統的方法炊煮，所以有淡淡的木炭香氣。而且米飯和蝦仁不是一起炒的，而是分開處理，在炒蝦仁時先將蔥段及蝦仁爆香、快炒撈起，米飯則是將調配的傳統醬汁與飯拌炒，之後再把剛剛炒好、香氣滿溢的蝦仁放在炒過的米飯上。每次中午時來，客人很多，就會看到工作人員將很多碗剛炒好的蝦仁飯鋪展在店面前方的桌台上，那紅豔豔的色澤好看極了，湊近一看還可感受到飯香撲鼻，真是視覺與嗅覺的享受。

　　其實店裡除了招牌的蝦仁飯外，也有肉絲飯或蝦仁與肉絲兼具的綜合飯，還有蒜泥白肉、古早味香腸、香煎鴨蛋、鴨蛋湯、皮蛋豆腐和燙青菜……等，滿足大家的需求，每樣小菜都有以前「飯桌仔」的味道，吃起來很有古早味。其中店家所用的是紅仁鴨蛋，這些紅仁鴨蛋都是店家將剝下的新鮮蝦頭、蝦殼送至養鴨場，用富含甲殼素的蝦頭、蝦

好多蝦仁飯擺在一起實在吸引人

美好店家

殼餵食鴨隻，再將每日所生產的鴨蛋配送至此，所以鴨蛋吃起來特別新鮮好吃。我不只喜歡吃煎鴨蛋，鴨蛋湯也很愛，感覺鴨蛋和雞蛋還是有一點不太一樣，口感更好更Q彈。

我也會帶外地的朋友來這裡吃，大家除了滿意於這庶民小吃的美味，也對矮仔成這店名感到好奇。原來矮仔成就是創辦人葉老先生，他單名成，個子又不高，所以客人就喚他為矮仔成，這很鄉土味的名字也成了店名。說起這店也頗具年歲了，最早創始於1922年，當時葉成原本在日本料理餐廳學藝，後來自己開設日式料理的小攤，之後又根據日本口味研發獨門的蝦仁飯，在西門市場擺攤，多次遷移後才在中正路和海安路這附近落腳。

來這邊吃東西會感覺員工的

海安路矮仔成的店面風景

招呼聲非常親切，一句句「來坐喔～」、「小心燙喔！」，處處顯得貼心，尤其是出餐迅速、不必久候是我喜歡這裡一項很重要的原因，這是一個簡單吃飯、沒有負擔的好所在啊！

INFO

網址 / https://www.shrimprice.com.tw/index.html
地址 / 臺南市中西區海安路一段66號
電話 / (06) 220-1897
營業時間 / 07:00 ~ 19:30

營遊路線

可搭市區公車環狀線在客家文化會館站下車，往北步行約五分鐘可到。
開車則走夏林路、海安路，非常方便。

一走進泉興，一股淡淡的草蓆香味襲來，好聞的香氣引領我回到睡在榻榻米上的青春歲月時光，回憶汨汨湧上，充滿幸福感。

泉興榻榻米
Sally.Kuo 2016.

年輕老闆專注地示範榻榻米製作

　　我很喜歡榻榻米，高中時期有一段時間就是睡在榻榻米上，那時在青年路買了三席標準的榻榻米，放在無任何家具的空曠房間，開始了我脫離與姐姐共居一房的獨立新生活。榻榻米是床，也是喝茶、遊戲、運動的空間，充滿著無限可能，但是不好保養，幾年後顯得髒舊的榻榻米就被我們拿去資源回收了。再想找那家榻榻米店也發現無影蹤了，聽聞說因現在買榻榻米的人少了，許多店家經營不下去都紛紛關店了，坊間要看到榻榻米店真的很難。

去年在神農街店家所舉辦的一個文化體驗中有縫製小小片榻榻米的活動，基於對榻榻米的喜愛我馬上報名了，在縫製中才知道連縫個薄式榻榻米的邊框也不容易，有一定的距離與針法，都需技巧。後來我們就到新美街的榻榻米老店「泉興」參訪，由年輕的老闆為我們講述老店的歷史，並示範一小片坐墊的縫邊技術，也讓我大開眼界，佩服起這項古老的技術。

泉興的老老闆為李金水，在二次大戰時期到岡山去跟日本人學做榻榻米，當時榻榻米的需求大，收入也可觀。不過當小學徒的過程也很辛苦，因為榻榻米重，縫製又需細心、耐心，不是個輕鬆的行業。現在老老闆因年紀大了，做榻榻米相對顯得吃力，於是把主要店務都交給了年輕的小老闆。小老闆李宗勳是老老闆的孫子，原本在大陸讀書、工作，後來回到臺灣與爺爺一起居住，就跟著爺爺學習起製作榻榻米的這項技藝。

小老闆先把製作的工具排列展開，大大小小的刀具與鑽子就很吸引人，當然更吸引我的還是各式花色的榻榻米邊布，有的華麗、有的素雅耐看，每一捆都想去摸看看，感受一下它們的質地。小老闆接著為我們示範草墊的裁切和一段邊布的縫製，看他俐落的手腳並用，一下子就把邊布美美得縫製成型，相較於我們剛剛的體驗，縫得歪七扭八的拙相，只能說每一項技藝都有它的專精之道。老行業在這日新月異的快速時代更有保留的必要，否則一切都是機器做的、機器生產的，多沒人味啊！

小老闆也不諱言，榻榻米這行業是夕陽產業，坊間的需求越來越少，大多只剩下一些佛寺的拜墊或茶屋的訂單，一般人家的訂單很少，也曾讓他萌生是否要繼續接下這份工作的疑惑。但幾經思量，覺得不能讓這手工榻榻米的技藝消失，還是決定傳承這項家業。也許是其他榻榻米店家的消失，讓泉興成為少數中的少數，且堅持手工細作、品質有保證，目前的訂單有比過往要好一些，聽到這裡真讓人欣慰。

如果你路過新美街的泉興疊蓆具，一定要找機會去參觀走逛，領略老店的美好風情，不能等待。

網址 / http://www.quanxing.com.tw/
地址 / 臺南市中西區新美街 46 號
電話 / (06) 222-5227
營業時間 / 週一～週六 08：00 ～ 20：00；
　　　　　 週日 08：00 ～ 18：00

可搭市區公車 5 在西門、民權路口下車，往民權路方向走，遇新美街往南走，約五分鐘可到。

各式刀具

各種花色的邊布

美好店家

阿霞飯店

提起阿霞飯店，大家馬上想起它最知名的紅蟳米糕，其實還有很多道料理也都很棒，是個適合一群人來吃的台式餐廳。

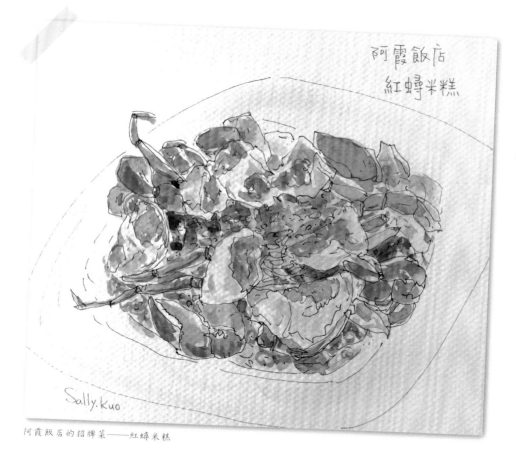

阿霞飯店

紅蟳米糕

Sally.Kuo

阿霞飯店的招牌菜——紅蟳米糕

紅蟳的鮮甜卵香有著海鮮成熟的風韻，和煮得 Q 彈好滋味的米糕合化在口腔裡的美好，化成腦中的指令，催使手中的餐具不斷向盤子裡盛舀這經典的美味。當我吃到這傳說中的阿霞飯店招牌菜色——紅蟳米糕時，洋溢的幸福感飽滿而豐盈，雖然早就久聞這

老店之名，但要不是參加文史導覽活動，老師特別安排讓我們品嚐盛名的經典台菜，這滋味還永遠只能存在於想像中呢！

不只紅蟳米糕好吃，炭烤野生烏魚子、生炒鱔魚、拼盤、魚翅羹、鹽水活蝦……，道道都充滿古早味台菜的豐富口感，單盤價位約在 500～1,200 元之間，每道菜還可依人數的多寡選擇分量，即使人少也可以吃到美味的台式合菜。作工細緻，每一口都讓人回味再三，所以許多名人或美食家來臺南、想品嚐臺灣料理的精髓，就會往阿霞飯店這裡跑，像蔣經國、李登輝、陳水扁、馬英九……等歷任元首，和諾貝爾文學獎得主高行健、出身臺南的導演李安、旅日名人金美玲等，都是長年的座上賓。

阿霞飯店早年並非開在此地，創始人阿霞本名吳錦霞，一開始她只是國校畢業後跟著爸爸擺攤而已，那時他們賣的是香腸熟肉、蟳丸、蝦捲、滷大腸頭這類的點心。從興濟宮廟埕起家的「飯桌仔」在戰後遷至忠義路、民權路的中央市場，也就是現在的國花大樓處，靠著口味好、分量足打出名號。民國四十八年吳家頂下市場內的店面，以「阿霞」為店名，民國五十二年阿霞繼承家業，與五弟共同研發出「紅蟳米糕」這道招牌菜，直到民國七十二年才搬遷落腳於天公廟前的現址，且由吳三連親筆題名，開始「阿霞飯店」的時期。

一直秉持做出古早味台菜、宴席料理的精緻菜色為宗旨，不過沒有太注重用餐環境的氣氛，讓比較年輕的客人都不太喜愛踏進這裡，總覺得太老派。直到第二代吳榮燦夫婦和第三代的吳健豪接手後，於民國九十五年將陳舊的店面重新裝潢更新，保有臺灣屋宇的地板磚色和古色古香的窗門，讓整體的用餐空間更有臺灣味。也製作紀錄片、烏魚子文宣和一些台菜典故的資料，讓來用餐的人們不只享用佳餚，也能知曉台菜文化的歷史背景，讓下一代的年輕人不要因為美食西化，而遺忘了祖先留給我們深厚的在地食物文化。

那一次剛好也是有文史老師介紹導覽，連老闆都來為我們介紹一些菜色的背景典故，讓我們收穫良多。實在因為太喜歡這裡的紅蟳米糕了，年節、除夕夜總想訂製一份圍爐時享用，可惜都太晚預約，老闆的回答都是預約的訂單實在太多了、根本做不來了，以後預訂一定要請早。可見真材實料的美味絕不孤單，大家都一致喜歡。

來阿霞飯店用餐不只食慾滿足了，心也滿足了。外地的朋友來臺南，一定要找機會來在這裡吃吃經典台菜味，就住臺南的在地人更是不能錯過阿霞飯店的餐點好滋味。舌尖上的臺南，這裡是一定要品嚐的美好。

吳三連題字的「阿霞飯店」招牌

INFO

網址 / http://www.a-sha.tw/restaurant/restaurant.htm

地址 / 臺南市中西區忠義路二段 84 巷 7 號

電話 / (06) 225-6789

營業時間 / 11:00 ～ 14:30；17:00 ～ 21:00，週一店休

當遊路線

可搭市區公車 14 於民權路站下車，往忠義路方向走，約十分鐘可抵達。

阿堂鹹粥

無刺的虱目魚肚放進有油蔥酥和蔥混搭的鹹粥裡，口感清甜新鮮，再加個油條一起吃，真是簡單又美味的享受。

我愛的虱目魚皮鹹粥加油條

　　從小就不愛吃粥，覺得軟軟黏黏的口感有點可怕，所以很少注意粥品這類的小吃。後來離家北上讀書，別人談起臺南的早餐總會說到鹹粥，問我有沒有吃過，詢問滋味如何，我才知道原來鹹粥在臺南人的早餐選項中這麼有名。

　　回臺南後終於去嚐了虱目魚皮粥和綜合鹹粥，才知道臺南的鹹粥和把米粒煮到爛透的廣東粥不一樣，其實是比較像飯泡湯的口感，還可吃到米飯的顆粒質感。且臺南以虱目魚聞名，虱目魚類的粥品孕育而生是自然不過的事情了，許多鹹粥都以虱目魚熬湯為基底，再加入不同的海鮮，像蚵仔、花枝之類的，整個湯頭就是充滿海鮮的自然清甜感，非常好吃。

阿堂鹹粥就位在西門圓環附近，本來就是外地客容易造訪的繁華地帶，加上真的很好吃，本地民眾也很愛，所以座無虛席的情況常常發生。有一次週日帶外地的親友來品嚐，結果我們點餐後足足等了一個多小時，本來不餓的胃囊到後來都餓得咕嚕嚕叫了，真的很誇張。因為店家堅持現煮才新鮮，所以客人多時真的要有久候的心理準備，有了那次的經驗後，如果嘴饞想吃鹹粥就盡量找非假日，或者選擇外帶了。

阿堂鹹粥的招牌在西門圓環邊很顯眼

這裡的招牌餐點除了魚肚鹹粥、虱目魚皮鹹粥外，也有土魠魚鹹粥和綜合類的，不過份量都很大，胃口小的人其實

假日人潮總是多矣

可以兩人合點一碗，也可以再點份乾煎魚腸來品味，這是其他地方比較少有的，而且通常很快就賣完了，好幾次想點也都沒有了。喜歡吃魚頭的人當然要點這裡的蔭汁虱目魚頭，滷煮得非常有味，尤其是眼睛周遭的膠質口感，滑滑溜溜的非常好吃。來這裡我最愛點的就是虱目魚皮加蚵仔湯，外加一份油條，那油條浸入湯汁後變軟、飽含魚湯的鮮

甜口感，咬起來真是美味。如果多人一起來吃時，我們就會再點蝦仁飯或香腸和乾煎魚肚一起分享，每一樣都很有特色。

　　我在外縣市的朋友來臺南出差時，最愛來吃阿堂鹹粥，他說滿滿一大碗吃完很有精神元氣，感覺中午不吃都可以，看到他講得眉飛色舞的表情，就知道他一定很滿意。這是間本地人愛、外地遊客也愛的鹹粥老店，因為他們總是堅持新鮮現做，所以很早就要晨起處理殺魚、熬湯的作業，虱目魚的魚刺又多，要處理得乾乾淨淨也都是辛苦的事，尤其夏天熱煮粥真的是滿頭大汗。但老店不管傳承多少代，都得堅持每一道細節，才能留住客人，守住府城名粥的好聲名，客人才會近悅遠來、絡繹不絕啊！

　　寫到這裡，突然又好想念虱目魚皮鹹粥，明天可要早起來去阿堂吃碗會元氣滿滿的鹹粥啊！

飽滿新鮮的食材讓人充滿食慾

INFO

地址／臺南市中西區西門路一段728號
電話／（06）213-2572
營業時間／05:00～賣完為止，週二店休

營遊路線

可搭市區公車1於小西門站下車，往西門圓環步行約七分鐘可達。
開車可走西門路或府前路，在西門圓環邊停車。

我的藝遊日誌
帶著畫筆去旅行

「藝」遊臺南

7 個特色觀光景點

Sally Kuo
2016.11.22

奇美博物館

奇美博物館提供「文明之奇」與「藝術之美」的體驗，剛好把「奇美」兩字發揮到極致。

遠眺奇美博物館

「妳所居住的城市就有這樣一座館藏豐富的博物館，好幸福的啊～好羨慕你們臺南人喔！」妳住東部的朋友帶學生來畢業旅行，其中一站就是奇美博物館，妳們邊看畫邊聊，朋友拋下這話語。

妳想著這些畫作從那麼遙遠的年代、遙遠的地域流傳下來，輾轉來到妳的城市、妳的面前與妳緣會，是多麼難能可貴的緣分啊！妳的嘴角微微上揚起來，想壓抑隱藏的微微驕傲還是不經意的流露出來了。也許不必壓抑的，妳所居住的城市能有這樣一座豐美的博物館，真的是超幸福的事啊！

那幸福的感受來自於當妳面對一幅幅超過百年以上的油畫作品，感覺油彩經過時光的沉澱有了更古雅內斂的色澤、不張揚的彩度，歲月造成畫布上斑駁的紋理，都讓畫有了更深刻的容顏，那是比新畫還要感動人的色澤。

那幸福的感受來自於觀看早已泛黃的畫紙上、深深淺淺的炭色裡那擦摩的筆觸，在歲月的推衍間依然充滿飽滿的線條張力，看得出繪者情感灌注於畫紙上的力道。

那幸福的感受來自於妳只要站在最愛的印象派畫作前，觀賞油彩表現光影的氤氳、色點混調的迷離色澤，無需太多理由，就只是這樣的觀賞，幸福就是這麼明確。

無價的珍寶不是來自這些有形的畫作而已，而是觀畫後所帶來的滿足愉悅，那就是無價。這座博物館帶給心靈的滿足感真的很巨大，而且它是一間私人企業所創建的博物館、而非公立博物館，想起創辦人許文龍先生的精神就非常感佩。

早年熱愛藝術的許先生以企業的部分獲利創立了奇美文化基金會，培養國內美術與音樂的新生代人才，並提撥基金到歐洲搜尋藝術作品，舉凡畫作、樂器、兵器、標本、雕塑……，都分類加以收藏，先是在奇美實業仁德廠成立了比較小型的收藏展示空間，近年與市政府合作在原本臺糖的土地上興建了奇美博物館，並與周邊的都會公園合為一體，讓整個博物館區呈現優美的大器景觀，也成為附近民眾的最佳休閒活動場域。

博物館的雄偉樣貌，有氣勢的入口處總是吸引遊客駐足

這幾年許多外地遊客來臺南最愛的景點就屬奇美博物館為第一，不僅可飽覽豐富的西洋藝術饗宴，還擁有全球數量最多的小提琴收藏，其中包含世界各大製琴師的名作。這裡也典藏臺灣最完整的西方繪畫雕塑，目標為建構出基礎西洋藝術史的脈絡。在兵器領域，展示亞洲最完整之各國珍貴古兵器，透過戰爭兵器呈現歷史與科技的演進。在自然史領域，擁有亞洲最大動物標本收藏，範圍涵蓋五大洲哺乳類及鳥類。每次我駐足標本區，都會被眼前這麼完整、數量之多的各類動物、鳥類標本所震撼，真的是百看不厭，每次觀之都有不同收獲。

　　我也極愛館邊的湖畔地景，隨天候晨昏的條件不同，水面會倒映出明晰不一的博物館建築本體，湖畔還悠游著幾隻白鵝，看牠們的悠遊之姿也會感染悠閒的心情，在這裡走走、身心大大放鬆，真的是很棒的地景空間啊！

博物館周邊的都會公園是休憩的好所在

INFO

網址 / http://www.chimeimuseum.org/
地址 / 臺南市仁德區文華路二段 66 號
電話 / （06）266-0808
開放時間 / 09:30 ～ 17:30，週三休館
門票 / 全票 200 元；優惠票 150 元

營遊路線

從保安轉運站搭紅 3、紅 4 或紅 3-1（僅假日行駛）於奇美博物館站下車。
開車由國道 1 號或 3 號接快速公路 86 號，於臺南交流道下，接台 1 線往市區方向約 200 公尺。

四草綠色隧道

有人稱這裡為南臺灣的亞馬遜河，雖然非常袖珍迷你，但超級精彩。

四草綠色隧道 Sally. Kuo

搭竹筏，聽導覽，欣賞各式紅樹林的姿態，很獨特的經驗

　　在四草的大眾廟邊有一處知名的景點，就是兩旁滿是紅樹林圍掩的河道，因為兩畔長滿各式的紅樹林，繁聚的樹枝交會成蔭，有些段落形成如隧道般的拱狀，於是大家就稱呼這裡為「四草綠色隧道」，也讓我想起多年前這裡才開始營運不久，我就曾來搭船的記憶。

　　說起這條古運河綠色隧道，在一百多年前是為了運送鹽、糖等民生物資所開挖的人工渠道，早期可從四草湖通往現在的七股一帶，因水道較淺、僅有竹筏能通過，所以又稱為「竹筏港」。後來因沒有運輸的需要就逐漸沒落了，但紅樹林保護區依然茂密蓬勃的生長，當時的里長和一些地方人士覺得家鄉的生態資源很豐富，應該讓更多人知道，於是開始了竹筏港遊河導覽解說的活動。

搭上約可坐三、四十人的竹筏，每個人穿上救生背心、戴上遮陽的斗笠，就開始這趟綠色隧道之旅了，訓練有素的導覽員會用生動有趣的方式把這裡的歷史和生態帶入，讓我們在不知不覺中就吸收了知識。沿岸都是適合在含鹽地帶生長的紅樹林植物，比如說五梨跤、欖李、海茄苳和水筆仔，雖然它們的樣子看起來都差不多、不易辨識，還好植栽前面都有名稱解說牌，可讓我們參考分辨。細看旁邊的泥地，還不時有彈塗魚和招潮蟹跑出來，看招潮蟹揮舞大螯的身子，模樣真的好可愛呢！

隨著竹筏慢慢駛近被紅樹林遮滿的隧道區，是最令人興奮的一刻，在這裡，外在的車聲吵嚷都被滌慮而去，換上的是鳥語啁啾和蟲鳴與水聲，導覽員會讓舟筏停駐，讓我們感受光線從細密的葉隙間篩下來，觀看在碧綠水面上的光影變化，真的好美、好悠靜，也好夢幻，感覺時光就仿如停住凝結般，要不是有輕舞而過的鷺鷥移動了我的視線，我看著水面的光影變化都定睛著迷了呢！

遊河的盡頭處是一棟叫「釐金局」的遺址小屋，這裡是當時出海口的關稅站，但看起來好小，也無法猜想當年的規模。船到這裡就返頭回程，導覽員還是不改幽默本色的繼續講解一些此地生態的特色，告知如何分辨招潮蟹的公母。如果是接近夕陽時分來搭最末一班船，那時天空雲影的變化更精彩，倒映的水色也分外動人，是非常值得推薦的搭船時光，有時不僅看到白鷺鷥，連夜鷺都會出現呢！

遊河時光雖然只有短短三十分鐘，但因它的植物林相精彩，是別的地方所沒見過的景致，加上生態豐富，有許多鳥類和潮間帶生物，共同促成了此地的精彩。前幾天又和沒來過的家人再來一次，因逢假日遊客非常多，我們等了一個多小時才排到，且是日正當中的正午時光。雖然很熱，但光線明晰、倒影更加清楚，這裡真的是來一次就記憶深刻，再探訪也有不同收穫，是特別值得一遊的臺南殊景啊！

綠色隧道生態體驗之旅
船班 / 平日 10:00 及 14:30（固定航班），假日 08:30 開
　　始售票至 16:30（售完為止）
票價 / 全票 200 元；身心障礙及國小學童優惠 100 元；
　　6 歲以下 30 元
搭船地點 / 臺南市安南區大眾路 360 號（四草大眾廟旁）

賞遊路線
可搭觀光公車 99，於
四草生態文化園區站
下車。

  美好所在

進入綠色隧道的區域

河道的尾端是當年海關「釐金局」的遺址

七股潟湖‧鹽山

　　七股有鹽山、還有潟湖，大家比較熟悉的是鹽山，但其實潟湖的內斂之美真的是其它地方所難比擬的。

美麗的潟湖夕照

　　先來說說潟湖，第一次前往探訪潟湖是日頭微微西斜時分，我騎著機車，像追日的夸父般，一直往太陽的方向狂奔，雖然車速頗快，但路徑蜿蜒漫長，日頭的變換比車速還快，一下子就從白亮轉為暖橘色的大夕陽。許多水塘間，穿著連身膠服的漁夫們正踏在水深及腰的魚塭裡收放定置網，這也是此地區很特殊的一種捕魚方式，藉由海水漲潮、退潮的水深落差，來留住隨海潮湧進來的魚蝦。

續往前行，路徑平展開闊了起來，前方傳來嘎嘎作響的奇妙音聲，令人好奇。急行一瞧才發現，那原來是鳥叫聲，水塘對岸的紅樹林上竟是白鷺鷥的大巢穴，大大小小好幾百隻的白鷺鷥都棲息在樹上，一種數大之美的撼動強烈地撞擊心田。沒多久，一大群白鳥集體翩然飛起，飛翔的姿態就像舞蹈般充滿了韻律與節奏，尤其映在染滿黃昏彩霞的天際下，更有詩意。要不是附近有幾位架著三角架的攝影者，我還有一種彷彿獨自闖進桃花源祕境的幻夢之感呢！

　　後來又和家人來潟湖一遊，這次我們搭乘大膠筏馬達船，穿越湖區到對岸的網仔寮汕上看夕陽。當我們抵達沙洲，穿越馬鞍藤和雜樹林構成的小徑，望見金光灩洩滿海面的大落日，整個天地浸沉在一種被夕光染暈的橘暖色調裡，耳畔只有潮水的波湧聲

在潟湖中體驗摸赤嘴仔的有趣活動

撫潤著，天地悠悠、有種忘我之感。啊～真是美麗的人間淨土，臺南最無垢的祕境啊！

　　這幾年夏天，在潟湖還舉辦了挖赤嘴仔的有趣活動，我們也參加過兩次，在淺淺的潟湖水中體驗摸赤嘴仔的經驗，實在很有趣。

賞遊路線

無公車可到，須自行開車，從台17線轉南38線，直走到六孔碼頭遊憩區。

INFO

七股潟湖
位在鹽山附近,屬於台江國家公園的一部分,目前有觀光竹筏帶領民眾遊潟湖,或到潟外沙洲的遊程,需事先預約。
網址 / http://www.tjnp.gov.tw/tourUs/FishingRaft/FishingRaft03.htm
海寮碼頭 / 臺南市七股區龍山村 216 號

　　再來說說鹽山,以前的七股是有曬鹽場的,七股鹽場也是臺灣地區最晚關閉的鹽場。不再曬鹽的臺鹽,改以進口澳洲的粗鹽來加工精煉,遂在以前的鹽場區堆置了兩座大大的鹽山,剛開始不久,雪白的鹽山遠看就像雪山一樣,還有南臺灣長白山的封號。現在經過日曬和風化,鹽山變得沒那麼潔白好看,但因堅硬度夠,遂可做鹽雕和攀爬行走的步道,開發成了結合展示臺鹽商品的觀光區,每年都吸引很多遊客。在附近的臺灣鹽博物館也是一個了解臺灣鹽業歷史的好所在,寓教於樂,非常值得前去參訪,會收穫滿滿。

附近的臺灣鹽業博物館可順道一遊

七股鹽山

網址 / http://cigu.tybio.com.tw/

地址 / 臺南市七股區鹽埕里 66 號

電話 / (06) 780-0511

開放時間 / 3 月 ～ 10 月‧09:00 ～ 18:00；11 月 ～ 2 月‧08:30 ～ 17:30

門票 / 50 元

從火車站搭觀光公車 99，在七股鹽山站下車，或從佳里搭藍 20 於七股鹽山站下車。

開車從台 17 線接 176 市道。

臺灣鹽博物館

網址 / http://www.toongmao.com.tw/twsalt/

地址 / 臺南市七股區鹽埕里 69 號

電話 / (06) 780-0990

開放時間 / 09:00 ～ 17:30

門票 / 全票 130 元；優待票 110 元；團體票 100 元；兒童票 30 元

 MEMO

台江國家公園 http://www.tjnp.gov.tw/index.aspx

北門井仔腳

一畝畝齊整方正的鹽田上，一堆堆白色小尖山狀的鹽堆，潔白如雪又可愛。

北門井仔腳
Sally.Kuo

瓦盤鹽田可體驗舊時曬鹽的樂趣

　　井仔腳這個地方是因為要來看黑腹燕鷗才知道的。多年前參加社大的天文班，班上的同學都是愛觀星也愛自然生態的一族，有次位一同學分享到北門井仔腳看黑腹燕鷗的壯觀奇景，形容的非常生動，馬上引領我前去的腳步。但可能是已快春天、季節不對了，還是太晚到、夕陽已落下的關係，那次去只看到零星幾隻的黑腹燕鷗，根本沒有夥伴說的成千上萬隻般的燕鷗在頭頂盤繞的壯觀景況。

隔了一年，我再度前來，找了不是太靠近深冬、落日的時間不會太早的季節。早早來井仔腳，先到村裡小晃遊，看看曬魚乾的別緻掛法，在三合院裡看生態影片、喝咖啡、曬冬陽，感受了靠海小村落的寧靜時光。然後抓緊時間、趕緊到堤岸邊卡位，這時已有不少賞鳥或攝影人士早就準備就緒，為了捕捉飛鳥與夕光的美景，他們早早就來了。

　　這一次也終於看到黑腹燕鷗一群群在海面上飛東飛西的盛況，有時排排站的停在靠堤岸邊的蚵架上，形成美麗的背光剪影也好好看。旁邊的鳥友也不吝借我們從他的高倍望遠鏡來觀看，黑腹燕鷗的清晰影像才得以映入眼簾。每年約於十月底至隔年二月間為主要候鳥季，成千上萬的黑腹燕鷗會在北門潟湖間棲息，尤其晨昏時分最能欣賞到萬鳥齊飛的景像，是井仔腳最富盛名的獨特景觀。

　　隨著夕陽把海水染上金黃色顏，飛鳥的海上群舞秀益顯精彩，但海風越來越涼、越狂，吹得我們無法多待，只好走下堤岸，飛鳥與落日餘暉的景色只能在頻頻回首間記憶了。不過走下堤岸，眼簾迎接的是更驚豔的景色，一方方的鹽田被夕光照出黃金般的反光，小鹽堆和水色都金燦燦的好漂亮，跟剛來時看到的乾淨潔白、藍天水透之感很不一樣，充滿了詩意與浪漫，真的美到至極。走回主要道路更是驚訝，因為一路排開都是「大砲」，都是架在腳架上的長鏡頭單眼相機，愛好攝影的人士不遠千里而來，就是為了此刻的鹽田風景啊！

黑腹燕鷗

後來又陸續來過幾次井仔腳，發現不同的季節天候、日光夕景都有它獨具之美。有時也踩入鹽田裡做扒鹽、收鹽的體驗，讓曾經擔任過鹽工的爸媽勾起許多往昔的辛酸回憶。這片鹽田是瓦盤鹽田，整個地面都是用碎破的瓦片鋪拼起來的，是北門鹽田區特別保留下來的復育鹽田，主要供遊客做收鹽體驗和有關鹽業的生態教學，由地方企業經營，現在的旅遊設施更完善，簡介與導覽也多了，讓來這裡的遊客有了更深入的瞭解，和當年第一次來看黑腹燕鷗時的寂寥小鹽村風光已差別多矣。

　　既然來到井仔腳，也可順遊水晶教堂和南鯤鯓等景點，都是北門地區的人氣所在，充滿濃濃的鹽鄉之味啊！

夕光下的鹽田

INFO

夕遊井仔腳
地址 / 臺南市北門區永華里井仔腳 復育鹽田
電話 / (06) 786-1629
開放時間 / 09:00 ～ 18:00
門票 / 免費

當遊路線

可從佳里搭公車藍2在井仔腳
站下車；開車從台17縣轉南10
市道，沿指標前進即到。

巴克禮紀念公園

　　從一個原本堆垃圾的荒亂之地，到現在變成四季皆美的城市公園，除了「傳奇」兩字，還有什麼字眼是更恰當的形容呢？

2016.6.1 Sally. Kuo

台南巴克禮公園.

夏天的阿勃勒

　　以前這裡還沒稱為巴克禮紀念公園時，我們叫這裡為十八號公園，再更早一點，只記得是文化中心對面的荒亂草地，據說還傾倒了不少垃圾。是這裡的里長和居民們齊心努力，清運出一百七十趟車次的廢棄物，並慢慢加以建設，才形成現在的規模。

　　其實這裡的地下水源豐富，為竹溪的發源地之一，園內月牙灣狀的湖泊在荷蘭時期是跟文化中心的水塘連成一氣的，稱為荷蘭埤，日據時代又名夢湖。里長在了知過往地理因由後，與居民們重新挖掘了夢湖，並在其上設置木棧式的拱橋、廣植林木、建立休憩步道，慢慢把公園的雛形架構出來，整體的空間就是綠意盎然。

早期公園才剛成立的頭幾年，我們來此散步休憩，常會遇到穿著軍綠色汗衫、腳踩黑雨鞋的里長，拿著大大的耙子式竹掃把在掃落葉，跟他閒聊之下，許多公園的開發史就娓娓細述出來，我們也才知道點滴辛苦都在他們的肩頭上。

　　隨著居民自發性的耕耘、掃護行動增加，公園的環境也越來越好、越美，越來越多人發現這美麗的天地，連周遭的房價也跟著高漲起來。大家都喜歡這片城市綠洲，有小塘湖水的優柔水媚之氣，有綠茵的草皮和四季不同的花樹，像是木棉花、阿勃勒、美人樹、鳳凰木……，都為每個季節添了獨特的風情。

　　我尤喜歡公園後方的小溪和水塘，溪水上種植清雅的睡蓮，兩畔是隨風飄曳的楊柳，坡邊草地有許多可愛的野花，蝴蝶和蜻蜓多不勝數。記得好幾年前來時，就被水面上點點飛舞的豆娘給深深吸引，驚嘆「怎麼會有這麼多豆娘啊？」回想看到豆娘的記憶都是兒時了，好久的時光、在城市裡都不易看到牠們的蹤影了，這裡竟然有這麼多。耳畔盡是悅耳的蟲鳴鳥唱和蛙叫，日光照拂、清風徐徐真的是舒服極了。那段時間我常找午後比較無人的時段來此寫生，倚坐坡邊高地，觀看眼前日光緩移下的綠茵美景，真的超享受！附近也有文化中心附設的咖啡店，逛完公園再到店裡休憩一下，非常舒愉。

綠意盎然的溪水柳樹

「藝」遊臺南 7個特色觀光景點

Sally.Kuo
2016.3.29
AM 10:30.
巴克禮公園木棉花道

春天的木棉花

夏天我也喜歡到後方的水塘區看夏荷，這裡的荷長得密集又豐美，粉紅色的花朵高高低低的開在青綠色的綠葉間，煞是好看。尤其早晨時光，來此賞荷、看荷葉上圓滾露珠，最是美麗。水塘裡還有水鴨悠遊，看牠們在荷花間躦進躦出、自在悠遊的模樣，就被感染了輕鬆悠哉，來這裡整個身心大放鬆，步調都會自然放慢。

冬天時，池邊成排的落羽松也是我最愛的景致，有次午後來此，日光把已變黃褐的葉子照出閃閃動人的金光，澄澈的湖水裡也映著落羽松清晰的倒影，還有藍天白雲的景色也一併收納入湖水裡，真的很難形容這美麗到會震攝人心魂的感受。

這裡終究是城市裡的一塊淨土、美麗綠洲，四季晨昏皆美，白日或夜晚都有它各自的精彩。真的好愛巴克禮公園，也是我速寫畫圖的好場域，偶爾隔一段時間來，都會有不同的新發現，回顧過往，從一個堆垃圾的不毛之地，到現在無數獎項的肯定，真的是很大的驕傲啊！

巴克禮紀念公園
地址／臺南市東區中華東路三段 357 巷
　　　（臺南市立文化中心對面）
開放時間／全天
門票／免費

MEMO

巴克禮紀念公園永續經營協會
網址／ http://barclaypark.weebly.com/
電話／（06）209-1102
上班時間／週一～週五，09:00 ～ 18:00

賞遊路線

搭市區公車 3 或高鐵接駁車 H62，於文化中心站下車；搭市區公車 15、觀光公車 88 或紅 3、紅 4，在巴克禮公園站下車。
開車由國道 1 號下仁德交流道，沿東門路左轉中華東路三段；或由國道 3 號下關廟交流道，沿東西向快速道路轉台 1 線，北上接大同路，右轉中華東路三段，過陸橋後即可抵達。

「藝」遊臺南 7個特色觀光景點

秋天的美人花

漁光島

在漁光島的木麻黃林子裡，我看到發著弱光、慢慢飛舞的螢火蟲，然後舉頭一探，滿天星斗閃爍著，這一幕只能說永生難忘了⋯⋯

漁光島老房子 Sally.Kuo

漁光島上還有不少的老房子

　　漁光島對我來說就是個城市祕境，雖然它現在是很多人愛來觀夕陽的所在，遊客漸漸多了起來，但只要錯開人群多矣的假日時光，恬靜風情的漁光島還是我極愛的所在。

　　話說常來漁光島是買了自行車、常常到處騎行的前幾年開始的，因為不喜歡在車水馬龍的城市裡騎車，也剛好漁光大橋完工了，只要騎到健康路三段尾、跨過高拱的漁光橋，屬於城市的喧囂好像就自動滌濾化去，換上了悠閒的空氣氛圍。的確啊～漁光島之名雖稱呼為島，其實是淤積在安平外的半島沙洲，古時這裡稱三鯤鯓，與南區的四鯤鯓是相連的，後來因為開闢安平商港才與之分離，劃入了安平區。這裡本來人口就少，車

子當然不多，在陰涼的木麻黃大道下騎起單車，常讓我有種來到日本輕井澤的錯覺。

　　往北邊騎還可看到一處馬場，馬場多利用晨昏時光訓練學員騎乘，所以夕陽時分看到馬兒在沙灘行走的畫面，就為這裡的景色添了別處無有的特色。除了海灘戲水，我也喜歡往南騎、到最南邊的堤岸，這裡是安平商港的北堤岸，也是釣客的天堂，一整天都有許多釣客在這邊活動，旁邊自然就孕育了賣釣具或小吃的車攤。而我喜歡來此看船或觀浪，尤其風大或滿潮、颱風前夕，那打上來的浪花有種驚心動魄的美感，不過也要小心、別太靠近就是，以免危險。

　　在這裡的夜晚又和白日時光有另一種不同的感覺，因為幾乎沒車，耳畔充塞的就是草叢裡的蟲鳴之歌，細細聽之還有遠方浪濤的拍打聲。如果有月光拂照，是最美、最浪漫的時分，木麻黃大道下月光把人影照得斗長，有種靜謐到會醉人的氣氛，我常騎著騎著就哼起歌來，這舒愉的感覺真的很難形容。

　　如果無月光、又值天氣晴朗，沒有厚雲遮蔽天際的時光，則是觀星的好時光。有幾度我們克服對幽暗的恐懼，穿過木麻黃林徑，通往海邊一探，眼前突然驚現難得的景象，滿天星斗布在天際，沒有光害的此處，星座的形式都極好辨認，真的好多好多，許多星團都可看到，真的是觀星的最佳景點。

　　還有一次夏夜前來，幽暗的木麻黃林子裡，竟有閃著弱光的螢火蟲漫舞著，那緩慢的舞動讓我驚訝，驚嘆「不會吧！這裡怎麼會有螢火蟲，螢火蟲不是都在山上的嗎？」後來回家查了資料，方知真的有出沒在海邊林野的螢火蟲，這一幕滿天星斗與螢蟲之光共融的畫面，也就成了永生難忘的奇景了。

　　現在的漁光島也被一些民宿業者看中，在這裡闢造了別緻的民宿，有的則是利用老宅改建，都很有特色。但我還是最喜歡沒太多遊客來到時的漁光島，那純樸、古舊味的老宅民屋和屋前的雞蛋花，真的是好恬靜的畫面，有時騎著單車還須閃躲突然跑出來的雞或貓呢！

　　總之，我愛漁光島，漁光島就是我的城市祕境啊！

「藝」遊臺南 7個特色觀光景點

營遊路線

可搭市區公車 2 於瑞復中心或漁光
分校站下車；開車由台 17 線轉健
康路三段，過橋即到漁光島。

MEMO

目前從秋茂園、觀夕平台無法直接到漁
光島，須從健康路三段底跨過漁光大橋
才能抵達。

漁光島是看夕陽的好所在（林宜慧提供）

漁光島上還有幾區小魚塭

千畦種籽館

來到千畦種籽館，就好像走進城市裡的小綠洲一樣，綠蔭盈滿的透光屋子裡，滿滿都是各式植物的種子，一個充滿生命力的地方。

台南千畦種子博物館

Sally. Kuo
2016.11.22
AM 10:30

由許多廢棄玻璃窗所架構出來的大門，綠意滿盈

很早就從網路上聽聞千畦種籽館的美名，許多別緻的種子、果實吸引著我想去探訪，卻直到最近才真正走入這裡。種籽館位在東豐路的小巷子裡，彎繞的巷弄不太容易找，迷路一陣子後，好不容易看到這有曼陀羅攀上屋簷的特殊大門，直覺得猜想應該是這裡了。小巷裡的奇異天地，讓我這個在臺南生活多年的人都要驚呼，原來我們臺南也有這麼特別的地方啊！

撿拾來的種子吊掛自然陰乾

　　種籽館到目前已開館約五、六年了，是由原本做設計的楊媽媽和兒子一起經營，大約收藏了有五百多種不同植物的種子。他們將撿來的種子洗滌乾淨後，就以最自然的方式吊掛在屋頂下自然陰乾，所以我們在入口處的導覽廳抬頭往上一看，就會看到一包包懸吊的種子高掛，映著自然的天光，形成很特別的景致。

　　接著楊媽媽為大家介紹一些特別的種子，像是蘋婆、桃花心木、藍花楹、阿勃勒……，有的種子很大、都像柚子了；有的輕盈到一吹就飛；有的像蜜餞一樣可食，吃起來甜甜的；有的像胭脂可塗抹，是天然的色料；還有的造型別緻，做成項鍊或手鍊等裝飾品都很棒。每一個種子都有它獨具的造型和特點，雖記不清所有的名字，但光看一瓶瓶裝在玻璃罐或展示

罐子裡好多各式各樣的種子

美好所在

櫃裡的種子，千奇百態的樣貌，隨意組構起來就是好看，尤其多為褐黃色調的大地色，沉鬱穩重的色澤讓人心平。

除了種子的收藏保管和展示導覽外，館方也將各式花卉植物蒸餾、萃取出名為「甘露」的原液，將它噴幾滴在茶水裡，喝起來就有其植物的芬芳，我們一會兒試喝玫瑰、迷迭香，一會兒試喝白千層、薄荷，感覺就像在喝香水一樣，很特別的感受。這甘露如果是偏涼辣氣味的，也可做為天然的防蚊液。

這裡除了是種子的博物館外，也是個綠色空間，利用撿拾的廢料為建材搭建組構，盡量透進自然光，椅子就用不要的樹幹切鋸而成，充滿天然味。屋簷上爬滿了攀藤的牽牛花和大花曼陀羅，許多空地也都栽種了植物，加上這邊靠近柴頭港溪上源，自有一種流水的空曠氣息，坐在綠蔭下小憩，感覺滿滿的芬多精在周身流淌，有一種度假的氛圍，真的很難相信這是在寸土寸金的繁華都市裡。

現在種籽館平日早上和下午各有一場導覽，都需預約以便控制人數，年輕老闆說有時也會有人來拍婚紗，或做特殊的包場，都是可預約的。城市裡的美好空間，藏著大大的寶藏，等著你我的認識探索和挖寶啊！

網址 / https://www.facebook.com/QianQiZhongZiGuan/
地址 / 臺南市北區東豐路451巷29-1號
電話 / (06) 236-0035
開放時間 / 09:00～12:00；13:30～17:30（需預約）
費用 / 入館專覽 100元/人

營遊路線

可搭市區公車環狀線在長榮、東豐路口下車，沿東豐路往東，依門牌前進。（這裡道路狹小複雜，最好洽詢店家指引。）

MEMO

因位處地方道路狹窄，無法開車進入小巷，建議將車子停在林森路三段，從林森路與開南街口進入，沿開南街走至底即是種籽館。

館內也有販售以種子做成的各式飾品

　　放在這裡的很多文章，有的是幾年前就登載在報紙上的，因為要出書，又特別回到許多過去造訪的地點，再探訪、再繪畫。發現許多地方在短短幾年內也有了改變，所以雖然說臺南是一座古都，但其實也是時時在變化著的，連土生土長在臺南的我，也感受著許多新穎轉變下的驚奇，常常發出「原來我們臺南還有這樣美好的地方啊！」的唱嘆。

　　書，寫完了，原本就很愛家鄉臺南的我又更深愛這裡了，也希望外地的朋友能因為這書的導覽介紹，對這個歷史文化之都有更貼近、親切的喜愛，多來我們臺南走走、漫遊小旅行。當然如果也一起來個旅遊小速寫，用畫來記錄旅行也更讚！會發現藉由畫筆、文字記錄的旅行，比單純的攝影更能留下深刻的印記。

　　在此我也要特別感謝作家王浩一老師、中華副刊的羊憶玫主編和好友黃沼元老師為我寫推薦序。當年就是羊主編的鼓勵，她喜歡我用自己繪圖的方式來搭配文章，覺得與眾不同，我一篇篇的府城畫片圖文才開始續航寫下。參加了好幾次由王浩一老師所導覽的府城漫遊，開啟了我想更深入了解臺南歷史的好奇，還有好友沼元也是我的最佳文友，同為臺南人的他提供了我許多地點、店家的建議，尤其在文字和插圖方面也給我很多意見和指導，不勝感激。還有臉書社團「速寫臺南」的夥伴，大家一起畫畫、交流，增長了速寫的知識和能力，真的獲益良多。

　　最後特別感謝出版社的用心，能讓這書美美的發行，也完成了我一直想出圖文書的夢想。再次謝謝幫助我的人，也希望讀者會喜歡這本書，你的鼓勵將是我寫下一本書的動力。

　　總之，還是感謝再感謝，一起來畫遊臺南吧！

郭桂玲

國家圖書館出版品預行編目（CIP）資料

我繪 玩臺南 / 郭桂玲 圖文. -- 初版. -- 臺北市
：華成圖書，2017.08
　面；　公分. --（自主行系列；B6194）
ISBN 978-986-192-304-8（平裝）

1. 旅遊 2. 名勝古蹟 3. 臺南市

733.9/127.6　　　　　　　　　106009834

自主行系列　B6194

我繪‧玩臺南

作　　者／郭桂玲

出版發行／華杏出版機構
華成圖書出版股份有限公司
www.far-reaching.com.tw
11493台北市內湖區洲子街72號5樓（愛丁堡科技中心）
戶　　名　　華成圖書出版股份有限公司
郵 政 劃 撥　　19590886
e - m a i l　　huacheng@email.farseeing.com.tw
電　　話　　02-27975050
傳　　真　　02-87972007
華杏網址　　www.farseeing.com.tw
e - m a i l　　fars@ms6.hinet.net
華成創辦人　　郭麗群
發 行 人　　蕭聿雯
總 經 理　　蕭紹宏
法律顧問　　蕭雄淋‧陳淑貞

主　　編　　王國華
責任編輯　　蔡明娟
美術設計　　陳秋霞
印務主任　　何麗英

定　　價／以封底定價為準
出版印刷／2017年8月初版1刷

總 經 銷／知己圖書股份有限公司
台中市工業區30路1號　　電話 04-23595819　　傳真 04-23597123

☺ 讀者回函卡

謝謝您購買此書,為了加強對讀者的服務,請詳細填寫本回函卡,寄回給我們(免貼郵票)或 E-mail 至 huacheng@email.farseeing.com.tw 給予建議,您即可不定期收到本公司的出版訊息!

您所購買的書名/_____ 購買書店名/_____

您的姓名/_____ 聯絡電話/_____

您的性別/□男 □女　　您的生日/西元_____年____月____日

您的通訊地址/□□□□□_____

您的電子郵件信箱/_____

您的職業/□學生 □軍公教 □金融 □服務 □資訊 □製造 □自由 □傳播
　　　　　□農漁牧 □家管 □退休 □其他

您的學歷/□國中(含以下) □高中(職) □大學(大專) □研究所(含以上)

您從何處得知本書訊息/(可複選)

□書店 □網路 □報紙 □雜誌 □電視 □廣播 □他人推薦 □其他

您經常的購書習慣/(可複選)

□書店購買 □網路購書 □傳真訂購 □郵政劃撥 □其他_____

您覺得本書價格/□合理 □偏高 □便宜

您對本書的評價(請填代號/ 1.非常滿意 2.滿意 3.尚可 4.不滿意 5.非常不滿意)

封面設計_____　版面編排_____　書名_____　內容_____　文筆_____

您對於讀完本書後感到/□收穫很大 □有點小收穫 □沒有收穫

您會推薦本書給別人嗎/□會 □不會 □不一定

您希望閱讀到什麼類型的書籍/_____

您對本書及我們的建議/

廣 告 回 信
台 北 郵 局 登 記 證
台北廣字第000526號
免 貼 郵 票

華杏出版機構

華成圖書出版股份有限公司　收

11493台北市內湖區洲子街72號5樓（愛丁堡科技中心）
TEL/02-27975050

（沿線剪下）

（對折黏貼後，即可直接郵寄）

😊 本公司為求提升品質特別設計這份「讀者回函卡」，想請惠予意見，幫助我們更上一層樓。感謝您的支持與愛護！

www.far-reaching.com.tw　　請將　B6194　「讀者回函卡」寄回或傳真 (02) 8797-2007